宁夏回族自治区产教融合建设示范专业——旅游管理项目

U0671367

特色旅游目的地
品牌形象影响与评价
——以贺兰山东麓为例

张红梅◎著

Influence and Evaluation of Brand Image of
Characteristic Tourism Destination
— A Case Study of
the Helan Mountain's Eastern Foot

经济管理出版社
ECONOMY & MANAGEMENT PUBLISHING HOUSE

图书在版编目（CIP）数据

特色旅游目的地品牌形象影响与评价：以贺兰山东麓为例/张红梅著 . —北京：经济管理出版社，2021.6
ISBN 978 - 7 - 5096 - 8069 - 8

Ⅰ.①特… Ⅱ.①张… Ⅲ.①旅游地—品牌—研究—宁夏②旅游地—形象—研究—宁夏 Ⅳ.①F592.743

中国版本图书馆 CIP 数据核字（2021）第 106361 号

组稿编辑：王格格
责任编辑：王格格　张玉珠
责任印制：黄章平
责任校对：董杉册

出版发行：经济管理出版社
　　　　　（北京市海淀区北蜂窝 8 号中雅大厦 A 座 11 层　100038）
网　　　址：www. E - mp. com. cn
电　　　话：（010）51915602
印　　　刷：唐山玺诚印务有限公司
经　　　销：新华书店
开　　　本：720mm×1000mm/16
印　　　张：13
字　　　数：177 千字
版　　　次：2021 年 8 月第 1 版　　2021 年 8 月第 1 次印刷
书　　　号：ISBN 978 - 7 - 5096 - 8069 - 8
定　　　价：88.00 元

序言

在全域旅游发展背景下，特色旅游目的地品牌形象是在目的地品牌化进程中，依托特色产业或特色旅游资源逐步形成的，它对旅游目的地的核心竞争力、品牌吸引力和市场影响力有着非常重要的影响。本专著以宁夏贺兰山东麓的葡萄酒特色旅游为案例，研究特色旅游目的地品牌形象影响与评价相关理论和方法，对地方特色旅游目的地品牌形象建设具有重要的学术价值和应用借鉴意义。

宁夏贺兰山东麓已发展成为走向世界的葡萄酒重要产区、明星产区。2021年5月，经国务院批准，宁夏依托葡萄及葡萄酒产业建设全国首个特色产业开放发展综合试验区。依托葡萄酒产业的特色旅游产业成为区域经济发展的重要引擎。特色旅游目的地品牌化、标准化探索及综合评价体系构建是政府和产业界高度关注的重大问题，也得到了学术界的高度关注，因此本专著的出版，一定意义上填补了葡萄酒产业与旅游产业融合的交叉研究领域的空缺，对特色旅游目的地品牌形象的理论和实践研究具有重要意义。

本专著作者长期从事葡萄酒文化旅游研究，选取了贺兰山东麓有代表性的旅游列级酒庄、周边旅游景区及相关葡萄酒旅游线路和节事活动作为旅游场景，系统深入地将理论实践与案例研究相融合，从游客、管理者及专家学者等视角展开深入调研，采用访谈、问卷、网络文本等多种形式进行数据采集。利用扎根理论、实证分析、多属性决策等多种管理学研究方法进行研究，基于游客及管理双重视角，探究特色旅游目的地品牌形象的影响机制与综合评价，取得了较为丰富的特色旅游目的地品牌形象研究成果。主要研究成果包含以下方面：特色旅游目的地品牌形象影响因素；基于游客视角的特色旅游目的地品牌形象影响机制；基于管理视角的特色旅游目的地品牌形象综合评价；特色旅游目的地品牌形象建设的策略建议；基于文化 IP 的贺兰山东麓葡萄酒旅游目的地品牌形象构建案例等。这些研究成果无论从微观层面还是宏观层面，均利于引导葡萄酒特色旅游目的地管理者针对游客需求开发特色旅游产品，提升游客旅游体验和满意度；为建设特色旅游目的地品牌形象提供科学的分析与评价方法；为相关管理部门提供了有针对性的管理依据和政策建议，尤其是案例研究，给出了很多有针对性和可操作性的策略建议。

本专著写作思路能够紧跟时代步伐，结合一带一路、乡村振兴、全域旅游、文旅融合、智慧旅游和健康中国等国家战略，在当前建设一流旅游管理专业背景下，立足地方产业特色，服务全域旅游示范区建设，助力旅游管理产教融合。该专著面向文化旅游管理及葡萄酒管理专业交叉学科研究者、相关专业大中专院校的师生及政府管理人员，不失为一本启发研究思路、解疑释惑的好著作。期待作者在未来研究中能不断与时俱进，继续挖掘和探索具有中国特色的葡萄酒文化价值及品牌形象，推进特色旅游目的地品牌建设及其高质量发展。

教育部长江学者特聘教授

合肥工业大学教授、博士生导师

2021 年 8 月 10 日

前　言

　　目的地品牌形象是旅游目的地的综合表现，良好的、具有特色的旅游目的地品牌形象往往是吸引人们前往旅游的动力源泉。特色旅游目的地品牌形象的构建对提升目的地核心竞争力、品牌吸引力和市场影响力具有重大作用。伴随着全域旅游的蓬勃发展以及旅游方式从观光到体验转变过程中游客对品牌的心理诉求的改变，我国特色旅游目的地的可持续发展需要树立品牌意识、推进品牌战略，着力构建独具地方特色的品牌形象。探究特色旅游目的地品牌形象的影响机制并构建相适应的评价体系是全域旅游背景下特色旅游目的地品牌建设的重点，也是我国旅游业发展研究中的重要课题及热点问题。

　　本书结合"一带一路"倡议、乡村振兴、全域旅游、智慧旅游、健康中国 2030 等时代背景，选取中国最具潜力的葡萄酒明星产区和葡萄酒旅游目的地——宁夏贺兰山东麓作为案例，探究特色旅游目的地品牌形象的影响机制与综合评价。本书的主要研究成果包含四个方面。

　　（1）特色旅游目的地品牌形象影响因素。以游客及行业管理者为访谈对象，结合相关文献及网络资料，运用扎根理论与方法，通过开放性编码，得出特色旅游目的地品牌形象的七个影响因素：认知形象、情感形象、感知质量、感知价值、满意度、行为意愿、品牌形象提升。进而通过主轴编码构建了以上七个因素的基本典范模型，并梳理了各因素之间的相互关系。最后通过选择性编码提取故事线，初步构建出特色旅游目的地品牌形象的影响机制模型。

（2）基于游客视角的特色旅游目的地品牌形象影响机制。在前述研究基础上，构建影响机制验证模型，通过问卷调查，进行结构方程建模和实证分析，研究结果表明：①特色旅游目的地整体形象中，情感形象和认知形象分别通过感知价值和感知质量对游客满意度产生显著的正向影响。其中，认知形象对感知质量的影响作用要大于情感形象对感知价值的影响。②特色旅游游客感知质量对满意度的直接影响大于感知价值，感知质量和感知价值通过满意度对其行为意愿有间接影响。③特色旅游目的地的情感形象对游客行为意愿的直接影响大于认知形象。④特色旅游目的地品牌形象影响路径具有独特性，如在葡萄酒特色旅游目的地建设初期，认知形象、感知质量作为保健因素应着重完善，而情感形象和感知价值作为激励因素应重点关注并提升。

（3）基于管理视角的特色旅游目的地品牌形象综合评价。构建出信效度较高的综合评价指标体系。其中，3个一级指标，即目的地自身形象、目的地环境形象、目的地核心产品形象；14个二级指标，即自然景观、人文景观、旅游设施、信息化建设、特色文化、政策环境、经济环境、生态环境、人力资源、地方参与、管理体系、产品质量、游客满意度、产品知名度。针对五个国内葡萄酒旅游目的地，采用基于多粒度术语的品牌形象评价方法进行综合评价，得出排序结果依次为山东省、宁夏回族自治区、新疆维吾尔自治区、河北省、甘肃省。

（4）特色旅游目的地品牌形象建设的策略建议。基于游客视角，反映出对旅游情感和特色文化、旅游体验、旅游感知及满意度等要素的重视和策略倾向；基于管理视角，融合了游客视角和管理者视角，综合评价分析出旅游设施、地方参与、游客满意度、政策环境、经济环境、产品质量等指标的权重较高，需引起特色旅游目的地的高度重视。经过比较分析，指明宁夏贺兰山东麓发展中的优劣势，提出宁夏应深度挖掘文化、自然等旅游资源，借助政策、人才、核心产品方面的优势，补足特色文化、旅游设施、信息化建设、经济环境、地方参与、生态环境等方面的短板，从而引导特色旅游目的地根据自身特点来识别品牌形象建设中的关键影响因素，深度挖掘潜能，有效整合和配置资源，科学规划和合理开发，完成从微观到宏观、从个体到群体、从单次到多次、从新客户到老客户的循环累积，促进品牌形象的系统提升。

综上，首先，本书研究成果有利于引导葡萄酒特色旅游目的地管理者针对游客需求开发特色旅游产品，增强目的地特色吸引力，提升游客旅游体验和满意度，探索"旅游＋葡萄酒"的新模式，将资源优势转化为品牌优势。其次，为建设富有地域文化特色的全域旅游目的地提供科学的分析与评价方法，为我国特色旅游目的地品牌形象建设提供了新思路、新途径和新方法，对提升区域品牌竞争力具有很强的现实意义。最后，本书结合产业发展特性与区域特征，为相关管理部门提供了更具有针对性和可操作性的管理依据和政策建议，为政府提供了决策参考，同时也为国际化特色旅游目的地品牌形象建设提供了借鉴。

本书研究成果中包含了作者主持结项的教育部人文社科规划基金项目"新兴信息技术环境下贺兰山东麓葡萄酒旅游产业融合与产业关联发展研究"（16YJA30075）及与浙江大学合作的横向课题"宁夏葡萄酒教育和旅游推广咨询服务"的部分阶段成果。

张红梅

2021 年 8 月 7 日

目　录

第1章　绪论 …………………………………………………………………… 1

1.1　研究背景 ………………………………………………………………… 1

1.1.1　我国特色旅游目的地品牌形象建设背景 ……………………… 1

1.1.2　全域旅游对目的地品牌化的挑战 ……………………………… 2

1.1.3　宁夏贺兰山东麓葡萄酒旅游目的地建设基本状况 ………… 3

1.2　研究问题 ………………………………………………………………… 6

1.3　研究意义 ………………………………………………………………… 7

1.3.1　理论意义 ………………………………………………………… 7

1.3.2　实践意义 ………………………………………………………… 8

1.4　研究内容及框架 ………………………………………………………… 10

1.5　研究方法和技术路线 …………………………………………………… 13

第2章　相关概念与文献回顾 ……………………………………………… 15

2.1　特色旅游目的地 ………………………………………………………… 15

2.1.1　特色旅游目的地的概念 ………………………………………… 15

2.1.2　特色旅游目的地的主要类型 …………………………………… 17

2.2　旅游目的地品牌化 ……………………………………………………… 19

2.3 旅游目的地品牌形象 ………………………………………… 22

　2.3.1 旅游目的地品牌形象的概念 ……………………… 23

　2.3.2 旅游目的地品牌形象的影响因素 ………………… 27

　2.3.3 旅游目的地品牌形象的评价 ……………………… 31

2.4 葡萄酒旅游 ……………………………………………………… 33

2.5 本章小结 ………………………………………………………… 37

第3章　基于扎根理论的特色旅游目的地品牌形象影响因素研究

　　　——以宁夏贺兰山东麓葡萄酒旅游目的地为例 …………… 38

3.1 问题提出 ………………………………………………………… 38

3.2 数据来源与研究方法 …………………………………………… 40

　3.2.1 数据来源 …………………………………………… 40

　3.2.2 数据信度和效度的保证策略 ……………………… 42

　3.2.3 研究方法 …………………………………………… 43

3.3 扎根分析 ………………………………………………………… 45

　3.3.1 开放性编码 ………………………………………… 45

　3.3.2 主轴编码 …………………………………………… 50

　3.3.3 选择性编码 ………………………………………… 51

3.4 研究结果 ………………………………………………………… 54

第4章　基于游客视角的特色旅游目的地品牌形象影响机制实证研究

　　　——以宁夏贺兰山东麓葡萄酒旅游目的地为例 …………… 57

4.1 问题提出 ………………………………………………………… 57

4.2 提出假设 ………………………………………………………… 58

　4.2.1 认知形象与情感形象 ……………………………… 58

4.2.2　认知形象与感知质量 ……………………………………… 59

4.2.3　情感形象与感知价值 ……………………………………… 60

4.2.4　感知质量与感知价值 ……………………………………… 62

4.2.5　感知质量与满意度 ………………………………………… 63

4.2.6　感知价值与满意度 ………………………………………… 64

4.2.7　满意度与行为意愿 ………………………………………… 65

4.2.8　情感形象、认知形象与游客行为意愿 …………………… 66

4.2.9　游客行为意愿与品牌形象提升 …………………………… 67

4.3　结构方程模型构建 ……………………………………………… 67

4.4　实证分析 ………………………………………………………… 69

4.4.1　问卷设计与数据收集 ……………………………………… 69

4.4.2　数据分析 …………………………………………………… 71

4.5　研究结果与讨论 ………………………………………………… 76

第5章　基于管理视角的特色旅游目的地品牌形象综合评价研究 ………… 79

5.1　问题提出 ………………………………………………………… 79

5.2　特色旅游目的地品牌形象的综合评价指标体系构建 ………… 80

5.2.1　指标体系构建 ……………………………………………… 80

5.2.2　信度和效度分析 …………………………………………… 84

5.3　特色旅游目的地品牌形象评价方法 …………………………… 85

5.3.1　评价方法 …………………………………………………… 86

5.3.2　概念和定义 ………………………………………………… 88

5.3.3　专家权重确定方法 ………………………………………… 92

5.3.4　属性权重确定方法 ………………………………………… 93

5.3.5　基于多粒度术语的特色旅游目的地品牌形象评价模型 …… 94

5.4 几种典型特色旅游目的地品牌形象的对比分析 ············ 95

5.5 研究结果与讨论 ···································· 106

第6章 特色旅游目的地品牌形象建设的策略建议 ··············· 108

6.1 基于游客视角的建设策略建议 ······················ 108

6.2 基于管理视角的建设策略建议 ······················ 111

第7章 基于文化 IP 的贺兰山东麓葡萄酒旅游目的地品牌形象构建

案例 ··· 120

7.1 文化 IP ··· 120

7.1.1 文化 IP 的概念及内涵 ······················· 120

7.1.2 文化 IP 的发展与作用 ······················· 121

7.1.3 文化 IP 的相关实践案例 ····················· 121

7.2 文化 IP 与目的地品牌形象的关系 ··················· 123

7.2.1 提升目的地品牌形象价值 ···················· 124

7.2.2 实现产业链延伸 ··························· 124

7.2.3 提高旅游者的品牌忠诚度 ···················· 124

7.3 贺兰山东麓葡萄酒旅游目的地发展定位 ··············· 125

7.4 贺兰山东麓葡萄酒旅游目的地品牌形象的 SWOT 分析 ········ 126

7.4.1 优势分析（S） ··························· 127

7.4.2 劣势分析（W） ··························· 128

7.4.3 机会分析（O） ··························· 129

7.4.4 威胁分析（T） ··························· 130

7.5 贺兰山东麓葡萄酒旅游目的地市场分析 ··············· 132

7.5.1 贺兰山东麓葡萄酒旅游目的地市场细分 ········· 132

　　　7.5.2　目标市场需求体验分析 ……………………………… 133

7.6　基于文化 IP 的贺兰山东麓葡萄酒旅游目的地品牌形象构建的

　　　策略建议 ………………………………………………… 135

　　　7.6.1　固本浚源——解读西紫品牌内涵，扫描品牌独占优势 … 135

　　　7.6.2　系统应用——"西紫家族"品牌视觉识别系统 ………… 136

　　　7.6.3　主题表述——场景运用设计 ……………………… 139

　　　7.6.4　多元发散——文创周边产品设计 ………………… 140

　　　7.6.5　统筹全局——目的地品牌形象实施建议 ………… 140

第 8 章　总结与展望 ……………………………………………… 144

8.1　全书总结 …………………………………………………… 144

8.2　研究不足与展望 ………………………………………… 146

参考文献 …………………………………………………………… 148

附录 ………………………………………………………………… 178

后记 ………………………………………………………………… 192

第 1 章 绪论

1.1 研究背景

1.1.1 我国特色旅游目的地品牌形象建设背景

旅游是人类对美好生活的向往与追求，是认识新鲜事物和未知世界的重要途径。随着改革开放的不断深化和经济社会的不断进步，中国已步入国民大众旅游时代，国家关于旅游业发展的政策和战略也在不断调整中提升，中国旅游业定位已跃升到"国民经济的战略性支柱产业和人民群众更加满意的现代服务业"，这是目前国内外国家层面关于旅游业的最高定位。党的十八届五中全会提出的"创新、协调、绿色、开放、共享"五大发展理念为我国旅游发展模式转变开辟了广阔天地。供给侧结构性改革也为旅游发展提供重要机遇，同时旅游政策红利正在加快释放，为爆发式增长的旅游消费提供巨大发展动力。旅游成为了经济发展的"加速器"、社会和谐的"润滑油"、生态文明建设的"催化剂"、对外合作交流的"压舱石"。在这样的旅游业大发展背景下我国特色旅游目的地的建设和发展越来越受到重视，2015 年，文化和旅游部（原国家旅游局）以"特色化、品牌化、国际化、系列化"为目标，开展了"中国国际特色旅游目的地"认定工作。2016年下发《国家旅游局关于公布中国国际特色旅游目的地创建名单的通知》，允许全国30个城市各展所长，创建中国国际特色旅游目的地。《"十三五"旅游业发展规划》中提出，我国将依托特色旅游资源，打造一批特色旅游目的地，满足大众化多样化特色化的市场需求。2018年，文化和旅游部的组建对发展全域旅游及乡村旅游、研学旅游等特色旅游具有重大利好。国内越来越多的大型企业进军文化旅游产业，特色小镇、主题公园、民俗村寨、田园综合体、养生度假等特色主题类型层出不穷。文化和旅游部推出网友最喜欢旅游目的地榜单中，"网友最喜欢的生态旅游目的地""网友最喜欢的乡村旅游目的地""网友最喜欢的研学旅游目的地"均为特色旅游目的地。伴随着我国旅游业的蓬勃发展以及旅游方式从观光、休闲到度假转变过程中，游客对品牌的心理诉求正在发生转变，我国特色旅游目的地的发展总体呈现出"市场需求旺，供给多元化，渠道便捷化，全域旅游化"的特征。但在产业融合、市场营销、品牌建设等方面也存在着诸多问题，如"少市调、缺规划；重促销、轻营销；品牌弱、形象偏；缺联合、整合弱；同质化、少特色"等。

1.1.2 全域旅游对目的地品牌化的挑战

全域旅游，是指在一定区域内，以旅游业为优势产业，通过对区域内经济社会资源尤其是旅游资源、相关产业、生态环境、公共服务、体制机制、政策法规、文明素质等进行全方位、系统化的优化提升，实现区域资源有机整合、产业融合发展、社会共建共享，以旅游业带动和促进经济社会协调发展的一种新的区域协调发展理念和模式。全域旅游作为"全景、全时、全业、全民"的"四全"旅游模式，着力推动旅游业从单一景点景区建设到综合目的地统筹发展等九大转变。全域旅游发展有利于旅游业在人民创造美好生活的伟大征程中发挥更大作用。2018 年国务院办公厅印发《关于促进全域旅游发展的指导意见》的发布标志着全域旅游正式上升为国家战略，是大众旅游时代我国旅游业发展战略的一次新提升。全域旅游发展过程可看作是一个旅游目的地系统通过产业融合促进转型升级的演化过程。因此全域旅游是旅游目的地发展的终极要求或形态，也是旅游目的地的抓手及路径。

目的地品牌形象是旅游目的地品牌化的综合表现，良好的旅游目的地品牌形象往往成为吸引人们前往旅游的动力。全域旅游时代旅游产品的品牌化是旅游方式从观光旅游到休闲度假旅游转变过程中，游客对品牌的心理诉求转变的必然。"全域景观化、全面休闲化、全时旅游化、全要素主题化"是全域旅游的实施手段。其中，全要素主题化则对旅游目的地的特色品牌形象提出要求。在全域旅游背景下，特色旅游目的地只有突出其特色因素和核心吸引力，才可以真正实现品牌形象的提升和目的地可持续发展。在旅游目的地的建设中，可以通过小范围地域特色的整合逐步向全域过渡，也可通过自然风景和人文景观的资源整合和开发逐步突出特色。这就需要特色旅游目的地树立品牌意识、推进品牌战略，整合目的地旅游资源，提炼核心品牌吸引力，着力构建独具地方特色的品牌形象。因此特色旅游目的地品牌形象的构建是全域旅游发展机遇下目的地品牌化进程中提升目的地核心竞争力、品牌吸引力和市场影响力的重要工作。

1.1.3　宁夏贺兰山东麓葡萄酒旅游目的地建设基本状况

宁夏是继海南之后全国第二个全域旅游示范省（区），"十三五"期间成功申办中美旅游领导高峰会议。宁夏旅游在全社会树立了"一切资源都是旅游资源、人人都是旅游环境"的旅游业发展新理念。旅游业快速发展融入经济社会发展全局，宁夏旅游站在了开放宁夏建设的新高地，迎来了转型发展的历史性重大机遇。

伴随宁夏特色产业融合创新发展的步伐，宁夏特色旅游目的地的建设日趋重要。宁夏贺兰山东麓作为中国最具潜力的葡萄酒明星产区和葡萄酒旅游目的地，因地理特征、资源禀赋和鲜明特色等因素，逐步成为区域产业经济的增长点和文化新名片。葡萄酒旅游是由葡萄产业、旅游产业、文化产业逐渐融合而产生的一种新型特色旅游，旅游产业与葡萄酒产业作为宁夏的两大特色优势产业，均以千亿产业为发展目标，两者以其共同具备的高度融合特征及复合价值，以"旅游＋葡萄酒""酒庄搭台，旅游唱戏"的融合方式释放出独特魅力，全域旅游时代更加体现为一种美好生活方式，在区域经济和人民健康生活协调发展中发挥着重要的作用。葡萄酒旅游目的地品牌形象的建设也显得尤为重要。

本书选取宁夏贺兰山东麓葡萄酒旅游目的地为案例，主要基于以下因素：

（1）产业特色鲜明，资源丰富，产业发展基础良好。贺兰山东麓是业界公认的世界上适合种植酿酒葡萄和生产高端葡萄酒的黄金地带之一。世界葡萄酒大师杰西斯·罗宾逊认为："毋庸置疑，中国葡萄酒的未来在宁夏。"在2019 年葡萄酒智情机构（Wine Intelligence）对中国消费者进行的葡萄酒产区知名度调查中，波尔多位于榜首，宁夏产区位于第二。宁夏是中国唯一的国际葡萄与葡萄酒组织（OIV）省级观察员，贺兰山东麓产区已列入世界葡萄酒地图。截至目前，全区酿酒葡萄种植面积 49.2 万亩，占全国的 1/4，是全国最大的集中连片种植区；建成、在建酒庄 211 家（已经建成 92 家，在建酒庄119 家），年产葡萄酒 1.3 亿瓶；酒庄接待游客 60 万人次，为生态移民提供就业岗位 12 万以上，综合产值达到 261 亿元。

（2）产业发展战略明确。2018 年宁夏回族自治区党委政府坚持创新发展、融合发展、品牌发展、提升产品竞争力、品牌影响力和产业带动力，加快葡萄产业转型升级，推动高质量发展，努力打造国内乃至世界一流的葡萄产业高地。2020 年，习近平再次考察宁夏时强调，宁夏葡萄酒产业是我国葡萄酒产业发展的一个缩影，假以时日，可能 10 年、20 年后，中国葡萄酒"当惊世界殊"。继而，宁夏出台以葡萄酒和文化旅游产业为代表的九大重点产业实施方案作为黄河流域生态保护和高质量发展的重要抓手。其中，葡萄酒产业重点要放大产区优势，提升品牌价值，打造领军企业，把贺兰山东麓打造成"葡萄酒之都"。

（3）列级酒庄制度引领行业标准。贺兰山东麓作为中国第一个同时也是唯一一个实行了列级酒庄制度的产区，截至 2020 年底，共有列级酒庄 47 家。其中，具有旅游接待功能的酒庄有 36 家；获批 4A 级旅游景区的酒庄有 2 家，获批 3A 级旅游景区的酒庄有 6 家，获批 2A 级旅游景区的酒庄有 2 家。均具有一定的旅游接待功能。

（4）葡萄酒品牌知名度美誉度高。近年来，贺兰山东麓葡萄酒先后获得国际奖项近千个。自 2014 年"宁夏贺兰山东麓葡萄酒地理标志"成功注册以来，已经有近 20 家酒庄获批使用地理证明商标。宁夏贺兰山东麓葡萄酒品牌价值接近 300 亿元，目前已位列中国地理标志产品区域品牌榜第 10。2015 年贺兰山东麓被世界葡萄酒大师丽兹·塔驰编入《全球葡萄酒旅游最佳应用》一书中，作为美国大学葡萄酒教材。贺兰山东麓也因"可以酿出中国最好的葡萄酒"被美国《纽约时报》评为全球必去的 46 个最佳旅游目的地之一。

（5）贺兰山东麓葡萄酒文化旅游长廊是贺兰山国家级风景道的重要组成部分，且位于宁夏全域旅游发展的核心区域。2020 年 10 月，世界葡萄酒旅游论坛评选发布，贺兰山东麓获评世界十大最具潜力葡萄酒旅游产区。由贺兰山东麓葡萄酒旅游智库发布的《中国葡萄酒旅游市场网络评论研究报告》显示，宁夏贺兰山东麓葡萄酒旅游在全国开展葡萄酒旅游的各产区中，网络热度排名第一。

1.2　研究问题

本书以特色旅游目的地为研究对象，选取葡萄酒特色旅游为代表性案例，研究"特色旅游目的地品牌形象的影响因素与综合评价"，旨在为目的地品牌建设提出策略建议，具体分为三个子问题。

问题一：为了进一步提升特色旅游品质，建设更加优质的旅游目的地，构建良好的目的地品牌形象，需要在系统研究的初始阶段，分析和提炼特色旅游目的地品牌形象的影响因素。在目的地品牌形象建设方面，前期已经积累了来自政府、学术界、涉旅企业等部门大量的访谈笔录、论文文献、文件资料、网络资料等。本部分将基于上述材料，采用扎根理论研究方法对特色旅游目的地品牌形象及游客行为意愿等核心范畴所涉及的影响因素进行分析，从认知、情感、感知和行为等角度提炼和归纳影响特色旅游目的地品牌形象的影响因素，并梳理和构建因素间的典范模型。

问题二：针对问题一的研究结果，需要从相关性角度进一步验证和探究影响因素间的关联关系和作用机理，进而得到目的地品牌形象、游客行为意愿、品牌形象提升等因素之间的影响机制。本部分将基于游客视角构建实证研究模型，梳理认知形象和感知质量作为有形因素对目的地品牌形象的作用机理，梳理情感形象和感知价值作为无形因素对目的地品牌形象的激励效应，验证目的地品牌形象和游客行为意愿互动关系中的循环累积作用，从而总结出特色旅游目的地品牌形象的影响机制。

问题三：基于问题一梳理的影响因素，需要进一步提炼和识别关键因素，构建特色旅游目的地品牌形象综合评价指标体系，并进行评价分析，从而提出特色旅游目的地品牌形象的建设策略。本部分将基于管理视角，在构建综合评价指标体系基础上，运用基于多粒度的特色旅游目的地品牌形象评价方法，结合具体实例，对多个具有代表性的国内葡萄酒旅游目的地进行综合评价和比较分析，梳理和比较目的地优劣势，提出相应的建设策略及提升建议。

1.3　研究意义

面临全球旅游在交汇中蓬勃发展、中国旅游在调整中由大趋强、各地旅游业在竞争中优胜劣汰的历史新阶段。如何抢占发展制高点，创造竞争新优势，实现旅游新跨越，是各地旅游业必须完成的历史使命。新机遇、新使命亟待旅游目的地构建覆盖整体环境、评价核心吸引力及考察游客满意度的品牌形象综合评价体系。因此探究特色旅游目的地品牌形象的影响因素及其作用机制，进而构建相适应的评价体系是全域旅游背景下特色旅游目的地品牌建设的重点，也是我国旅游业发展研究中的重要课题及热点问题。本书基于游客及管理双重视角，选取国内最具发展潜力和代表性的贺兰山东麓葡萄酒旅游目的地为案例，采用扎根理论、实证分析、多属性决策等方法探究特色旅游目的地品牌形象影响机制及其综合评价。

1.3.1　理论意义

国内外现有关于特色旅游目的地品牌形象影响因素和评价的研究相对匮乏，并且研究视角近似，难以体现新型旅游业态发展趋势及个性化。本书结合全域旅游等时代背景和发展趋势，立足国际化特色旅游目的地品牌形象建设的需求，旨在为特色旅游目的地品牌建设提供系统的、合理的影响机制和评价分析。本书通过扎根理论研究方法，从游客、管理者及专家的视角，结合线上评价数据全面探究葡萄酒旅游目的地品牌形象影响因素，厘清情感形象、旅游心理、特色文化等定量研究难以界定的因素及其与整体形象之间的关系，进行自下而上的归纳推理。基于游客视角对目的地品牌形象、行为意愿、品牌形象提升等因素之间的影响机制进行了验证；基于管理视角构建了包含目的地自身形象、目的地环境形象、目的地核心产品形象的多维评价模型，并进行综合评价和比较分析。这避免了已有的评价研究强调单一视角或单一维度的片面性。以上分析和研究有助于深入理解和识别影响特色旅游目的地品牌形象的关键因素，为葡萄酒等特色旅游目的地品牌形象的建设提供新的研究思路。本书在应用研究领域和方法适用分析方面进行了一系列探索性研究，为特色旅游目的地品牌形象建设的研究提供了科学方法和研究思路，充实了理论基础和发展方向。

1.3.2 实践意义

本书以宁夏贺兰山东麓为例，基于游客视角和管理视角针对特色旅游目的地品牌形象建设提出相适应的策略建议。首先，有利于引导葡萄酒特色旅游目的地管理者针对游客需求开发特色旅游产品，增强目的地特色吸引力，提升游客旅游体验和满意度，探索"旅游 + 葡萄酒"新模式，将资源优势转化为品牌优势。其次，对提升区域品牌竞争力具有很强的现实意义，结合产业发展特性与区域特征，为相关管理部门提供更具有针对性和可操作性的管理依据和策略建议，并为政府提供决策参考，有利于加快目的地"创新、协调、绿色、开放、共享"发展，实现供给侧结构性改革的重点需求。本书结合"一带一路"、乡村振兴、健康中国2030、全域旅游、文旅融合、智慧旅游等背景，为建设富有地域文化特色的全域旅游目的地提供科学的分析与评价方法，为我国特色旅游目的地品牌形象建设提供新思路、新途径和新方法，同时也为国际化特色旅游目的地品牌形象建设及高质量发展提供借鉴。具体实践意义有以下五点。

（1）为"一带一路"国际化倡议下区域开放型发展和国际化特色旅游目的地品牌形象提升提供合理的途径与方法。以宁夏为例，通过特色旅游目的地的品牌化建设，打造面向"丝绸之路经济带"沿线国家和地区的外向型文化旅游产业集群，这是调整宁夏经济倚能倚重的突破口。

（2）是乡村特色旅游目的地可持续发展的必然选择。如葡萄酒旅游是乡村旅游的一种特色体现形式。党的十九大报告明确提出了"产业兴旺、生态宜居、乡风文明、治理有效、生活富裕"的总要求。大力发展乡村旅游是乡村振兴的重要突破口，也是实现乡村振兴的有效抓手。

（3）是"健康中国 2030"战略背景下服务产业发展的重要引擎。随着大众旅游时代的推进，现代社会群体的生活方式、旅游形态、饮食结构、社交方式较以往发生了重大变化，以预防为主的养生观念已深入人心，健康产品逐步成为居民的刚性需要。以葡萄酒旅游为特色的大众健康休闲旅游必将融合发展成为推动地方经济的新引擎。

（4）是全域旅游背景下特色旅游目的地品牌建设的需求。随着景点旅游向区域、城市和小城镇全域旅游转变，"全域 + 特色"的格局也必将形成：既要确保全域旅游的全功能、全要素、全资源，又要确保特色文化和精品品牌的塑造。此外，全域旅游引导文旅融合发展进入新阶段，大力推进实施"文化 +""旅游 +""互联网 +"战略，促进产业融合，构建主题鲜明、文化要素完善、特色品牌化的旅游目的地，必将全面增强旅游发展新功能，构建全域旅游共建共享新格局。只有从涉旅行业服务、公共设施服务、网络平台服务等多层次，从游客、管理者、企业员工、社区居民等多视角挖掘影响因素进而构建旅游目的地品牌形象评价体系才能符合全域旅游的发展和运营管理需求。

（5）是"旅游 + 互联网"行动计划背景下智慧旅游目的地品牌形象测评升级的需求。旅游与互联网的深度融合发展已经成为不可阻挡的时代潮流。旅游需求呈现"多元化、体验化、个性化"趋势。随着我国旅游市场的主力消费人群转为"80"后、"90"后、甚至"00"后年轻人,在线旅游市场渗透率会进一步提升。传统的旅游评价方式已逐渐难以适应日益变化的游客个性化旅游方式和海量数据处理问题。文化和旅游部"旅游+互联网"行动计划开启了智慧旅游新模式。以满足游客个性化需求为中心,综合旅游中各种要素资源,将旅游中产生的人员流、信息流、资金流和物料流,通过新一代信息技术转换为数据流,并进行服务提炼和服务实现。挖掘智慧要素进而构建新型的旅游目的地品牌形象测评体系,发挥智慧旅游个性化服务和大数据挖掘的功能,有利于在复杂旅游环境中为游客提供个性化服务的评价,从而有效促进用户价值增加,游客满意度提高,旅游服务品质提升,最终实现旅游产业优化转型升级。

1.4 研究内容及框架

从研究背景、问题及意义出发,本书结合全域旅游等时代背景和发展趋势,立足国际化特色旅游目的地形象建设的需求,围绕特色旅游目的地品牌形象的影响因素分析、影响机制验证以及综合评价三个子问题展开研究,旨在为特色旅游目的地品牌建设提供系统的、科学的、合理的影响机制和评价并提出相应的策略建议。

本书的具体章节安排如下:

第1章绪论。主要包括研究背景、研究问题、研究意义、研究内容及框架、研究方法和技术路线。

第2章相关概念与文献回顾。主要开展国内外关于特色旅游目的地、旅游目的地品牌化、旅游目的地品牌形象、葡萄酒旅游四个方面的文献研究,为全书后续研究工作奠定理论基础。

第 3 章基于扎根理论的特色旅游目的地品牌形象影响因素研究。以宁夏贺兰山东麓为例,研究葡萄酒旅游目的地品牌形象影响因素。主要以游客及行业管理者为访谈对象,结合相关文献及网络资料来源,运用扎根理论与方法,首先,通过开放性编码,得到影响葡萄酒旅游目的地品牌形象的主要因素。其次,通过主轴编码构建这些因素的基本典范模型,并梳理各因素之间的相互关系。最后,通过选择性编码提取故事线,初步构建特色旅游目的地品牌形象的影响机制模型。以葡萄酒旅游目的地为案例,实证讨论得出相关共性管理启示。

第 4 章基于游客视角的特色旅游目的地品牌形象影响机制实证研究。首先,结合前述扎根分析,构建理论模型并提出相应的假设。其次,通过对贺兰山东麓主要旅游酒庄、景点游客的问卷调查,运用结构方程建模进行实证研究。最后,得出有关目的地品牌形象的 2 个构成因子情感形象和认知形象分别通过感知价值和感知质量作用于游客满意度、行为意愿及品牌形象提升之间的影响机制,以期反映出特色旅游目的地品牌形象影响机制的个性和共性。为特色旅游目的地品牌形象的建设提出管理启示。

第 5 章基于管理视角的特色旅游目的地品牌形象综合评价研究。首先,在已有的扎根研究结论基础上,结合旅游目的地特点,开发基于管理视角的旅游目的地品牌形象综合评价指标体系,并提出合理的维度和指标。其次,通过实证检验此评价体系的信度效度。最后,通过基于多粒度术语的特色旅游目的地品牌形象评价方法,对国内五个具有代表性的葡萄酒特色旅游目的地宁夏、山东、新疆、河北、甘肃进行评价、排序、对比分析,分析出宁夏贺兰山东麓发展中的优劣势,提取影响特色旅游目的地品牌形象的关键指标。从而为特色旅游目的地品牌建设提供系统的、可靠的、有效的综合评价分析。

第 6 章特色旅游目的地品牌形象建设的策略建议。依据第 4 章和第 5 章的结论,根据特色旅游目的地品牌形象影响机制和综合评价的研究结果,从游客视角和管理视角两方面，呈现递进并融合的关系，对特色旅游目的地品牌形象的建设提出具有针对性并覆盖全局的策略建议。

第7章基于文化IP的贺兰山东麓葡萄酒旅游目的地品牌形象构建案例。以贺兰山东麓葡萄酒旅游目的地为例，对其品牌形象进行SWOT分析，结合葡萄酒旅游消费者的行为特征和需求体验网络文本数据进行市场分析，进而基于文化IP，提出贺兰山东麓葡萄酒旅游目的地品牌形象构建的策略建议，以求不断挖掘品牌文化价值，推进目的地品牌建设及其高质量发展。

第8章总结与展望。主要是总结全书研究的结论与成果，给出研究的局限性，并根据特色旅游目的地品牌形象的研究趋势，提出未来能够深入研究的方向。

根据上述研究内容的内在逻辑，可得本书的研究框架如图1-1所示。

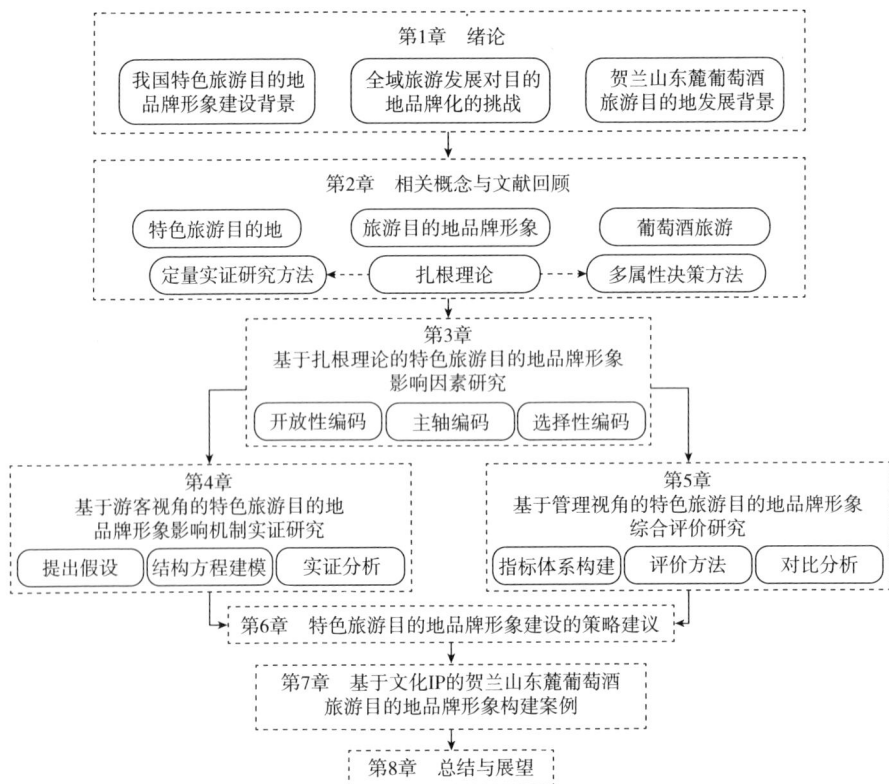

图1-1　研究框架

1.5 研究方法和技术路线

本书的研究方法主要有：

（1）文献研究法。本书通过搜索国内外文献数据库，借鉴有关特色旅游目的地、旅游目的地品牌形象、葡萄酒旅游及扎根理论、评价方法等方面的研究成果和研究动态，分析现有文献在目的地品牌形象影响因素和评价研究中的局限，为本书的研究奠定基础。本书在影响因素的扎根分析、影响机制的提出假设和综合评价体系构建的分析中均运用了文献研究法。

（2）扎根理论研究方法。扎根理论是质性研究的重要方法。本书团队深入葡萄产业园区管委会、葡萄酒庄、旅游景区、涉旅网站等渠道，通过访谈、会议、情境观察、文献检索、网评搜索等收集整理资料，采用经典的扎根理论流程，从游客、管理者及专家的视角探究葡萄酒旅游目的地品牌形象影响因素。

（3）实证研究方法。在探索性研究基础上，对于影响因素的研究还需要依靠大量的实证资料来验证。本书在影响因素的分析部分，采用了扎根理论定性实证分析方法；在影响机制的验证部分，采用了定量实证分析方法。通过问卷调查，借助 SPSS 和 SmartPLS 统计分析软件，利用结构方程模型进行实证研究，以验证通过扎根理论、案例研究提出的探索性理论模型。

（4）多属性决策方法。本书采用 TOPSIS、熵权法和加权平均法等，构建基于多粒度术语的特色旅游目的地品牌形象评价方法，结合具体实例，对具有代表性的葡萄酒特色旅游目的地进行综合评价和比较分析。

本书的具体技术路线如图 1-2 所示。

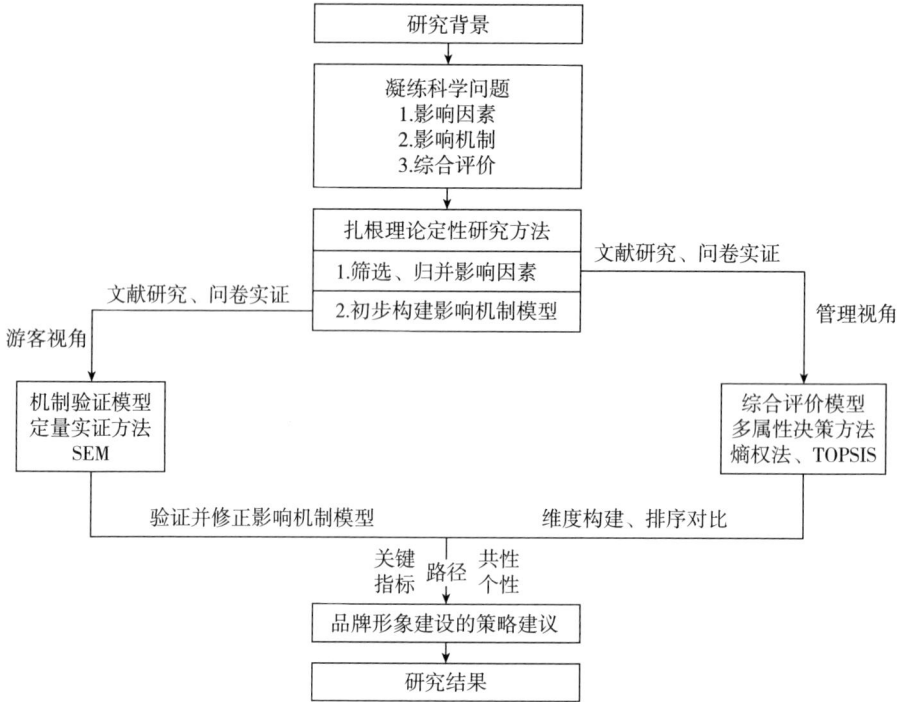

图1-2 研究方法和技术路线

第2章 相关概念与文献回顾

2.1 特色旅游目的地

2.1.1 特色旅游目的地的概念

有关特色旅游目的地的概念可以从旅游目的地和特色旅游两方面来界定。

国外对于旅游目的地的研究始于 20 世纪 70 年代。最初美国学者 Gunn 等（1972）提出"目的地地带"的概念，随后 Davidson 和 Maitland（1997）强调了目的地管理与规划的意义，后来人们逐渐认识到它也可以是一个知觉的概念，如带有某种特色或特征的感知吸引力。国内对于旅游目的地的研究自 20 世纪 90 年代中后期开始，定义上多强调它是一种地理空间集合的关系。国内外学者由于旅游业所处的发展阶段和制度背景不同，对旅游目的地的定义方式和关注重点也各有不同。从空间范围的视角，旅游目的地不仅可指旅游胜地，也可指景区、城镇、村落等旅游区域或旅游城市，甚至可以广泛指整个国家甚至跨越国家界线的地区。从旅游效应的视角，旅游目的地与游客的旅游目的、动机和行为有关。此外，旅游目的地的形成尚需以下要素：地理空间、基础设施、接待设施、产业链条等。Baggio 和 Sainaghi（2016）认为旅游目的地可以被描述为一个复杂的网络系统，包含资源、服务、旅游产品的组成部分以及其之间的关系。综上，旅游目的地是指在一定空间范围内，以旅游吸引物为基础，形成食、住、行、游、购、娱六大旅游要素综合协调发展并能够满足旅游者需求的区域。

特色旅游是一种新兴的旅游形式，是对传统常规旅游的发展和深化，是针对特色旅游资源进行的更高形式的特色旅游活动产品开发，通常也被称为"主题旅游""专项旅游"等。特色旅游的主要特征在于它的旅游生态环境和文化环境的原始自然性，旅游项目和线路的新奇探险性。因特色旅游的路线和区域具有较大的特殊性，如区域跨度广和涉入时间长，所以呈现旅游目的地复合化的突出特征。Frechtling（1999）指明特色旅游产品是用来识别特色旅游场所的，包括特色住宿、餐饮、娱乐等，是旅游产业的重要组成部分。Gómez 等（2016）指出特色旅游产业及其基础设施投资是旅游产业提供服务的主要手段。Sim 等（2003）根据特色旅游资源建立了专业旅游区的界定标准。Shen 等（2016）指出完美的旅行要依靠个人兴趣和特色旅游进行个性化推荐，Zhang 和 Liu（2011）进行了低碳经济背景下发展特色旅游项目和旅游纪念品设计的研究。

总体来说，特色旅游目的地其特色主要是依据旅游资源的稀有程度、悠久程度、历史地位和其他地区文化环境的差异等因素。凡是具有垄断性、典型性、特异性、集聚性、体验性等特征，能对旅游者产生吸引力，并可进行旅游开发利用的各种资源，都可视为特色旅游资源。特色旅游目的地不仅具有一般大众旅游资源的共性，而且还有其自己的独特性质。本书认为特色旅游目的地是指具有特色旅游资源（自然和人文），拥有独特魅力的文化内涵以及特色旅游产品及服务，并能吸引游客的区域，其中特色旅游资源是该区域能否成为特色旅游目的地的关键因素。

2.1.2　特色旅游目的地的主要类型

我国旅游业的迅速发展和旅游者的多样化需求，使得旅游产品由以传统观光旅游向休闲、度假和各种专项旅游、特色旅游方向发展。2016 年，文化和旅游部（原国家旅游局）评定创建特色旅游目的地的通知中指出我国创建特色旅游目的地的类型大致可分为：生态体验类、历史文化类、商务会展类、滨海度假类等类型，但不仅局限于上述类别。其后文化和旅游部（原国家旅游局）在《"十三五"旅游业发展规划》中明确提出推进八大类特色旅游目的地建设，包括山岳旅游目的地、海岛旅游目的地、湖泊旅游目的地、湿地旅游目的地、草原旅游目的地、沙漠旅游目的地、古村落旅游目的地、民俗风情旅游目的地。

特色旅游目的地按旅游资源大体可分为自然风景旅游资源特色以及人文景观旅游资源特色，具体特色旅游目的地类型及文献来源如表 2 - 1、表 2 - 2 所示。

表 2 - 1　自然风景旅游资源特色旅游目的地及相关文献

类型	特色资源类型	作者
地貌旅游资源类目的地	山岳旅游目的地	Diaz - Christiansen 等（2016） 国家旅游局《"十三五"旅游业发展规划》（2016）
	海岛旅游目的地	
	湖泊旅游目的地	
	湿地旅游目的地	
	草原旅游目的地	
	沙漠旅游目的地	
水体旅游资源类目的地	海洋旅游资源	Isa 和 Ramli（2014）
	水利旅游资源	冯英杰等（2018）
森林旅游目的地	地质地貌、水文、生物	李梓雯和彭璐铭（2017）
	气象以及文化景观	罗芬和钟永德（2014）

类型	特色资源类型	作者
生态旅游目的地	自然生态旅游资源	Pengwei 和 Linsheng（2018）
	人文生态旅游资源	彭婉婷等（2019）
休闲旅游目的地	自然游憩类	牟雪洁等（2016）
		黄震方等（2011）

表2-2　人文景观旅游资源特色旅游目的地及相关文献

类型	特色资源类型	作者
红色旅游目的地	伟人故里、活动遗址、革命历史实践遗址、墓碑（群）、烈士遗址、革命历史纪念馆	Zuo 和 Li（2018） Zhao 和 Timothy（2017） 金鹏等（2017）
历史文化旅游目的地	古人类遗址、古代历史文化遗产、口头与非物质文化遗址、遗产旅游、物质文化、社会文化（制度文化）、精神文化	Altunel 和 Erkurt（2015） 唐鸣镝（2015）
民俗旅游目的地	生产劳动、日常生活、社会活动、信仰活动、古村落、民族村寨、民间节庆	李岩和顾涛（2016） 周灵等（2013）
乡村旅游目的地	田园景观、乡村环境、聚落景观、建筑景观、民俗风情、农耕文化	CamPón–Cerro 等（2016） 安传艳和李同昇（2018）
宗教旅游目的地	宗教文化信仰、宗教活动、宗教建筑、宗教壁画艺术	谢若龄和吴必虎（2016） 张桥贵和孙浩然（2008）
民间信仰文化旅游目的地	民间信仰建筑、山体、传说中的天象、气象、神迹等	周富广（2008） 韩卢敏和李爽（2004）
科技旅游目的地	自然科技旅游资源、人文科技旅游资源、综合科技旅游资源	陶卓民等（2009） 林妙花等（2009）
体育旅游目的地	奥运旅游、滑雪旅游、赛事、场馆建筑	Perić 等（2019） 翁李胜（2018）
休闲旅游目的地	文化休闲类、医疗养生类、康娱游憩类、专项休闲类、葡萄酒旅游、自驾车旅游、冰雪旅游、温泉旅游	Suess 等（2018） 侯兵等（2011） 张红梅等（2014） 周笋芳（2015）
创意旅游目的地	创意主义园区、创意城市景观、创意社区、创意活动、创意旅游商品、工业旅游	Bruin 和 Jelincic（2016） 钱佳等（2014）

类型	特色资源类型	作者
演艺旅游目的地	实景演出、剧场、专业性较强的演出餐厅、酒吧的延伸演艺	黄炜等（2018）
商务会展旅游目的地	会议、展会、演艺	焦玲玲等（2011）
研学旅游目的地	旅游教育功能	任唤麟（2018）

整体来看，特色旅游目的地的发展在国内外均属初创时期，国外文献大多倾向于自然风景旅游资源类目的地及游客动机的研究，研究内容和视角较为具体。相比之下，我国拥有丰富的人文景观旅游资源，在特色旅游目的地研究内容上，研究主题呈现多样性，政策导向性明显，如乡村旅游、红色旅游、历史文化旅游、民俗旅游，并逐步向养生旅游、体育旅游、研学旅游以及演艺旅游等不同特色资源延伸。国内关于目的地发展战略、经济研究、开发模式类的相关研究成果较多，学科研究呈现经济学、管理学、社会学、地理学、生态学、农学等多学科参与的特征。

2.2　旅游目的地品牌化

自 20 世纪 90 年代以来，伴随着旅游目的地之间的竞争日益加剧，国际知名旅游目的地均大力开展目的地品牌化的相关工作以形成新的竞争优势，旅游目的地品牌化研究逐步受到关注。旅游目的地品牌化是一个建立优秀目的地品牌形象的长期、复杂而艰巨的动态过程，其对旅游目的地的营销和管理起着重要作用，所建立的品牌形象需要能够引起游客产生正向的心理感应及积极思维方式的转变。旅游目的地品牌化是研究旅游目的地品牌形象的理论基础。关于旅游目的地品牌化的研究国外成果颇丰，而国内此方面的研究却处于探索阶段，主要集中于内涵、目标与驱动力、概念性模型、运行过程、存在的障碍、效果测评等问题。通过对国内外学者研究成果进行系统梳理，对于拓展国内目的地品牌研究与管理实践都具有非常重要的意义。

有关旅游目的地"品牌化"概念，目前学术界尚缺乏统一的观点。"品牌化"（Branding）概念源于营销领域，是针对传统有形产品的营销发展而来的。最初旅游领域的品牌化研究主要探讨旅游产品和旅游业的品牌问题，包括酒店业、航空交通业、汽车租赁业、旅游吸引物等。20世纪90年代后期，开始出现针对旅游目的地品牌化的研究。第一篇相关学术论文出现于1998年，第一本相关学术专著出现于2002年。Cail（2002）将旅游目的地品牌化定义为"选择一致的品牌要素混合体，并通过塑造积极的旅游目的地形象以使旅游目的地能够被识别并且区分于同类竞争者"。Im（2003）以及Qu等（2011）将旅游目的地品牌化定义为"与竞争对手区分开来，传达旅游目的地独特身份和个性的过程和方式"。所谓"身份和个性"，实际上是指旅游目的地在游客心目中的品牌形象。Blain等（2005）将旅游目的地品牌化定义为能够支持确立旅游目的地的"身份"并使其差异化的名称、符号、标识等品牌元素；能够向游客传达仅与本旅游目的地相关并值得记忆的旅游体验的期望；能够巩固和强化旅游者和旅游目的地之间的情感联系；能够降低消费者的搜寻成本和感知风险的一系列市场营销活动。这些活动共同作用于创造一个能够对旅游消费者的旅游目的地选择行为产生积极影响的"独特卖点"和旅游目的地形象。大多数学者普遍认为，旅游目的地品牌化是以塑造鲜明、积极、独特的旅游目的地品牌形象为目标而开展的市场营销活动。

Cail（2002）综合心理学、传播学、营销学理论，以认知心理学中的"扩散—激活"理论为认知基础，整合Gartner的形象构成理论和Keller的品牌联想理论，同时引入品牌本体（Brand Identity）概念，建构了一个综合性的旅游目的地品牌化概念性模型。Ekinci 和 Hosany（2006）针对旅游目的地品牌个性维度问题，通过品牌个性测量模型认为旅游目的地品牌个性包括真诚、刺激和友好三个维度。真诚和刺激是两个主要的维度，而友好则是旅游目的地所特有的个性维度，这一维度对情感形象、认知形象和推荐意愿具有显著影响。Pawaskar 和 Goel（2014）提出的品牌化概念模型解释了旅游目的地品牌形象与旅游者购买决策和旅游服务营销之间相互影响的过程和机理。Usakli 和 Baloglu（2011）针对旅游目的地品牌个性问题验证了自我概念一致（Self – Congruity）是旅游目的地品牌个性和旅游者行为意图的中介变量，旅游者的自我认知与品牌个性的一致性会对旅游者的重游和口碑传播意愿产生积极的影响。旅游目的地品牌化工作应该分为三个步骤：第一，当前形象调查；第二，确定品牌本体，即期望目标市场持有的理想形象；第三，选择合适的品牌要素组合反映品牌本体。Hankinson（2007）针对企业品牌化理论与旅游目的地品牌化相适应的问题，认为两者在消费者体验、依赖组织内部合作和外部联盟、与利益相关者进行沟通等方面是一致的。但将已有的品牌化原理应用于目的地层面时，如不考虑旅游目的地公共特性而是一味照搬，将会破坏旅游目的地社会关系、地理、历史等人脉、地脉方面的特性。Hankinson（2004）针对旅游目的地品牌化中的品牌评估问题，认为评估与历史、遗产和文化有关的形象属性尤为重要。这些形象往往是经过长时间形成的，如教育、文学和艺术，在营销的核心影响范围之外。

综上所述，旅游目的地品牌化是旅游目的地身份标识形成的过程，是选择一致品牌要素混合体以区别于其他竞争对手的一系列市场营销活动，它包括品牌定位、品牌形象、品牌对外传播、内部的品牌化、品牌过程管理、品牌利益相关者管理、品牌绩效评估等要素。旅游目的地品牌形象是旅游目的地品牌化的关键性要素及营销目标。近年来，旅游目的地品牌化的研究日趋受到重视，各种观点表现出"合流"的趋势，逐渐形成一个跨学科的研究领域，战略研究视角成为一种新的趋势。在研究理论方面，旅游目的地品牌化作为一个新兴的研究领域，国内学者可以借助心理学、社会心理学、市场营销学、经济学等学科知识对目的地品牌化进行研究。可综合运用利益相关者理论、社区参与理论、可持续竞争优势理论等为目的地品牌化战略的实施提供理论支持；在研究方法方面，应结合具体的旅游目的地，综合运用问卷调查法、案例分析法、访谈法等多种方法，重视引入扎根理论等质性研究方法，提高数据获取的有效性及准确性；在旅游目的地品牌化工作方面，目前的旅游学理论框架内尚无成熟的理论解决多个不相隶属的组织或部门联合行动的问题。今后研究方向应重点突破多个社会部门联合开展的组织协调工作和市场营销工作，重点关注"怎么做"和"结果如何"的问题，在政府部门、旅游企业、消费者等各个利益相关者之间建立良好的合作关系及协调机制以保障旅游目的地品牌化的顺利开展。强调在品牌化的市场营销工作中兑现品牌承诺是与品牌沟通至少同等重要的工作。

2.3　旅游目的地品牌形象

有关旅游目的地品牌的研究文献较多，本书以"旅游目的地品牌形象"为主题，从 Web of Science 核心合集和 CNKI 数据库中以"旅游目的地"（Tourism Destination）、"品牌形象"（Brand Image）为关键词共检索出 396 篇相关学术论文（2010 年 1 月 1 日至 2019 年 4 月 1 日），其中，中文文献 300 篇，英文核心文献 96 篇。梳理出相关文献主题及数量如表 2 - 3 所示。

表 2 - 3　旅游目的地品牌形象相关文献主题及数量

文献主题	数量（篇）
旅游目的地	174
旅游目的地品牌	163
旅游者	61
目的地品牌	53
目的地品牌化	40
目的地	36
旅游品牌	35
品牌个性	35
品牌形象	31
品牌营销	30
品牌资产	27
旅游目的地形象	26

2.3.1　旅游目的地品牌形象的概念

有关旅游目的地品牌形象的概念，学术界从理论层面所做的探讨十分有限，目前尚缺乏统一的概念界定。旅游目的地品牌形象属于品牌营销学的理论范畴，是在旅游目的地形象的概念基础上融合了品牌形象、品牌化、品牌资产、品牌定位等概念和内涵逐步演变而来的。表 2 - 4 梳理了国内外文献中有关旅游目的地形象和旅游目的地品牌形象定义演变过程中的观点，以期为相关理论研究带来启发和借鉴。

表 2 - 4　旅游目的地品牌形象相关定义及文献

作者	定义
Hunt 和 Hill（1971）	个体或人们对长住地以外的地方的印象
Crompton（1979）	一个人对目的地的信念、想法和印象的总和

作者	定义
Lawson 和 Baudbovy（1980）	个人对某一个特定对象或地点的知识、印象、偏见、想象和情感想法的表达
Embacher 和 Buttle（1989）	个人或集体持有的关于被调查目的地的想法或概念
Echtner 和 Ritchie（1991）	个体对目的地属性的感知和目的地形象所形成的整体印象
Barich 和 Kotler（1991）	从供给角度提出区分"投射性形象"（Projected Image）和"接收性形象"（Received Image）
Gartner（1993）	目的地形象是由认知（Cognitive）、情感（Affective）和意动（Conative）三个层次相关的要素构成的，是由精神层面到行为层面
Selby 和 Morgan（1996）	从旅游者认知的角度提出了朴素形象（Naive Image）和再评估形象（Re - evaluated Image）的概念
Baloglu 等（1998）	目的地形象是一种表示旅游者个人态度的概念，它指个体对旅游目的地的认识、情感和整体印象的心理表征
Murphy 等（2000）	与目的地有关的联想和信息的总和，包括目的地的多个组成部分和个人感知
Bigne 等（2001）	旅游者对目的地个人感知的主观解读
Lawrenson 等（2003）	随着时间的推移，游客对一个地方的印象、信仰、想法、期望和情感累积的总和
Qu 等（2011）	以特色形象为目的地品牌联想的一个新组成部分，旅游目的地的整体形象（品牌形象）是其品牌联想（即认知、情感、特色形象成分）与游客未来行为（重游和推荐意向）之间的中介。特色形象对整体形象形成的影响仅次于认知评价
Grosspietsch（2006）	区分了旅游者的感知形象（Perceived Image）和目的地的投射形象（Projected Image）
Zhang 等（2014）	目的地形象五个维度：认知形象、情感形象、整体形象、认知—情感联合形象、自我和谐
Hsu 和 Cai（2009）	要将目的地形象研究提升到目的地品牌化的层次，应关注将目的地形象作为目的地品牌知识的一部分与更能揭示品牌化实质内涵的其他关键概念（如品牌信任、品牌忠诚）进行整合研究
Tasci 和 Kozak（2006）	目的地形象只是目的地品牌含义和价值的一个组成部分，与其他成分（个性、价值、文化、专利等）一起作用于消费者行为

续表

作者	定义
Hankinson（2004）	一个地方的核心形象（被描述为有机形象）是与历史、遗产和文化有关的形象属性，有助于潜在游客决定地点的选择，这种有机形象往往是在很长一段时间内形成的，如受到教育、文学和艺术的影响
白凯（2009）	从旅游者心理学的视角出发定义旅游目的地形象，并提出旅游目的地形象会随着个人的旅游经历、价值观念和外界信息刺激的方式与程度等因素而发生变化
高静（2009）	提出了应遵循"目的地定位—目的地品牌化—目的地形象"这样的逻辑链条，并构建出三者之间关系模型
许春晓和莫莉萍（2014）	旅游目的地品牌形象是旅游者对传播过程中所接收到的所有关于品牌的信息进行个人选择与加工之后留存于头脑中的有关该品牌的印象和联想的总和
刘丽娟和吕兴洋（2016）	认为旅游目的地品牌形象是旅游者对目的地品牌的总体感知，是旅游者将自身的个性特征置于目的地品牌之上的理想自我形象
苑炳慧和辜应康（2016）	旅游目的地品牌形象界定为游客对某一目的地自身吸引力、旅游吸引物、社会环境和市容环境4个要素的认知和印象
马东跃（2013）	旅游目的地品牌形象要素包括品牌名称、品牌标志和品牌标识语三个部分
陆朋（2015）	优秀的旅游目的地品牌形象要体现构图与色彩的独特性，标识设计上需要反映出地域特色，宣传口号要满足信息量适度、反映旅游者诉求、创新性、艺术性与情感性等原则
汪京强等（2018）	采用事件相关电位技术揭示出潜在游客目的地个性认知为单一阶段加工，依赖于一般知识的唤醒；现实游客目的地个性认知为两阶段加工，不仅受到一般知识，还受到情感体验记忆的影响

由表 2-4 可见，旅游目的地形象的定义最初始于 20 世纪 70 年代，目前有关旅游目的地形象的研究表现出规范化的主流趋势，即从旅游者个体需求角度来理解和界定旅游目的地形象。目的地形象的概念化主要有两种方法：三维连续法和三分量法。三维连续法最初是由 Echtner 和 Ritchie（1991）提出的，他们将整体属性、功能心理属性和共同属性作为形象的三个连续链，分别是属

性—整体、功能—心理和普通—独特，其中属性—整体链表示对目的地属性的感知以及对该地点的整体印象，功能—心理链代表了目的地可直接测量的功能成分和无形的心理特征之间的区别，普通—独特链代表了该地区的一般、共同特征和独特特征。而三分量法代表了目的地形象研究中更为普遍的实践和理论视角，由认知成分、情感成分和意动成分三个部分组成。认知成分是指旅游者对目的地属性所持有的信念和知识，情感成分表现为对一个地方的各种特征的情感或情感反应，旅游目的地形象的内涵是旅游者的行为表现，可以理解为一种现场消费行为。这三个分量代表了形象形成的层序：即旅游者形成认知形象，并在此基础上形成情感形象和意动形象。此外，Cooper 和 Fletcher（1999）认为目的地品牌形象的核心是建立一个正面的目的地形象，目的地形象是目的地品牌资产的核心维度。Qu 等（2011）将目的地品牌定义为通过目的地和竞争对手区分开来并传达目的地独特身份的一种方式。Kock 等（2016）认为目的地品牌形象由一个多维认知组件、一个情感部分和一个整体评价认知部分组成。

我国学者对于目的地形象的研究始于 20 世纪 90 年代，产生了具有我国特色的旅游目的地形象的定位和策划理论、旅游形象营销的研究成果。研究趋势倾向于旅游目的地内涵系统和跨学科融合的研究，在研究方法上趋向于定性结合定量的方法。国内对于旅游目的地形象的定义是在西方的定义基础上强调的客观因素而提出的。彭华（1998）、舒伯阳和马勇（1999）、张宏梅等（2006）分别辨析了旅游地形象的定义、内容及理论基础。目前国内对旅游目的地品牌形象的研究主要集中在其构成要素和要素特征等方面。品牌形象普遍被学者们作为旅游目的地品牌资产的重要维度。曲颖和李天元（2011）对品牌化、目的地形象的概念做了辨析和界定，进一步明确了目的地形象中（认知、情感、意动）三个成分的打造受品牌化中的三类品牌联想（属性、利益、态度）驱动。马东跃（2013）将旅游目的地品牌形象要素总结为品牌名称、品牌标志和品牌标识语三个部分。许春晓和莫莉萍（2014）认为旅游目的地品牌形象是旅游者对传播过程中所接收的所有关于品牌的信息进行个人选择与加工之后留存于头脑中的有关该品牌的印象和联想的总和。而近年来越来越多的研究者倾向于承认目的地品牌形象中情感维度的作用，除目的地的物理、功能属性之外，游客对目的地的感受和情感同样在品牌形象的形成中扮演着重要角色。

综上所述，旅游目的地品牌形象本身是一个内涵比较丰富的概念。旅游者可以从情感形象、象征性意义、品牌个性等多个角度感知旅游目的地品牌形象。另外，特色形象及地域核心形象的树立也被国内外学者在研究中重视起来，带有地域文化特色的特色形象作为目的地品牌联想的一个新组成部分，作用于游客行为意愿，并与目的地整体品牌形象形成一定的影响机制。旅游目的地作为激发旅游者产生旅游动机并完成旅游活动的空间载体，是旅游者通过品牌名称和标识对目的地形象的联想和感知。因此，本书认为：旅游目的地品牌形象是旅游目的地品牌的外在表现形式，是旅游者对旅游目的地品牌的感知和有个性特征的自我形象，通过形成整体品牌形象作用于行为意愿。特色旅游目的地品牌形象包含了目的地的认知和情感、共性和个性、整体和个体，是一个聚合评估、多维描述的统一联合体。

2.3.2　旅游目的地品牌形象的影响因素

有关旅游目的地品牌形象影响因素的研究主要集中在品牌形象的维度、影响因素及其之间的关系等方面。

在品牌形象的维度方面，因为旅游目的地品牌形象是在旅游目的地形象和品牌化的概念上演变而来，本书结合了有关目的地形象和品牌化经典理论中的维度对目的地品牌形象的影响维度进行归纳。Zhang 等（2014）对已有的目的地形象维度的研究进行了归纳，将目的地形象分为了认知形象、情感形象、整体形象、认知情感联合形象和自我和谐五个维度。在经典品牌理论中大多数模型将品牌联想分为两类即功能属性（对应产品或服务的有形特性）和象征性属性（对应产品或服务的无形特征），随后其他学者又添加了经验属性和品牌态度属性。根据每个维度的内涵和意义，如认知形象维度和功能属性维度有重合，自我和谐维度与态度属性中的品牌认同概念有重合，本书对重合的维度进行合并，最终归纳出有关旅游目的地品牌形象的七个影响维度，如表 2－5 所示。

表 2－5　旅游目的地品牌形象的维度及文献来源和作者

维度	文献来源和作者
认知形象 （功能属性维度）	Park 和 Young（1986），Mcwilliam 和 Chernatony（1989），Gartner（1993），Keller（1993），Young 等（1999），Hernández－Lobato 等（2006），Prayag（2008），Alcañiz 等（2009），Mcdowall 和 Ma（2010），Qu 等（2011），Ramkissoon 和 Ugsal（2011）
情感形象	Gartner（1993），Young 等（1999），Baloglu（2000），Hernández－Lobato 等（2006），Bosque 和 Martin（2008），Choi 等（2011），Chen 等（2013）
象征性属性维度	Park 和 Young（1986），Mcwilliam 和 Chernatony（1989），Hankinson 和 Cowking（1994），Hankinson（2005），李满和安国山（2008），Zentes 等（2008）
整体形象维度	Echtner 和 Ritchie（1991），Baloglu 等（1998），Bigne 等（2001），Alcañiz 等（2005），Prayag（2008），Alcañiz 等（2009），Prayag（2009），Kaplanidou 和 Gibson（2010），粟路军和黄福才（2010），Choi 等（2011）
经验属性维度	Rohrbaugh（1981），Park 和 Young（1986），Keller（1993），Baloglu（2000），Mathwick 和 Malhotra（2002），Landa（2005），Jraisat 等（2015）

维度	文献来源和作者
品牌态度属性	Park 和 Youny（1986），Keller（1993）， Back 和 Parks（2003），Hosany 和 Martin（2012）， Musa 等（2013），Jraisat 等（2015），Xue 和 Sun（2016）
认知—情感 关联形象维度	Kaplanidou 和 Vogt（2007），Bosque 和 Martin（2008）， Morais 和 Lin（2010），吴雪飞（2010）， 王斌和武春友（2011），吴晶等（2011）

由表 5-2 可见：①在早期和目前大多数研究中，认知形象一直是研究的重点，体现在表 2-5 的 11 篇文献中。认知形象是指旅游者对目的地属性所持有的信念和认知。认知形象可对应于目的地品牌的功能属性即有形要素，反映与品牌产品或服务相联系的功能性需求特征。②不同旅游目的地的情感形象体现在表 2-5 的 7 篇文献中。Zhang 等（2014）认为情感形象对应产品和服务的无形特征，表现为对目的地的各种特征的情感或情感反应，是消费者对需求和期望的情感和心理的个性化表达。③象征性形象体现在表 2-5 的 6 篇文献中。Zentes 等（2008）提出象征性形象满足消费者自我价值、自我感知和自我认同的需求。④与整体形象相关文献有 10 篇。⑤经验属性相关文献有 7 篇。Keller（1993）以及 Park 等（1986）认为经验属性对应感知质量和感知价值，这些关系产品或服务体验过程中的感觉，并满足内部产生的刺激和多样化的需求。⑥品牌态度属性相关文献有 7 篇，定义了消费者对品牌的整体评价，包含品牌认同、品牌忠诚度等因素。这些都与品牌的感知质量和感知价值密切相关。⑦有 6 篇文献研究中体现出认知情感关联形象的综合测量。Hankinson（2005）认为一个定位良好的品牌形象将代表一组具有吸引力的强大联想，并包含行为意愿的联想（意动形象）。Bosque 和 Martin（2008）认为目的地形象中的认知—情感关联对应的测量方法是操作性的，而不是定义性的。Zhang 等

（2014）认为旅游目的地形象的认知—情感关联形象不同于整体形象，整体形象是指游客对旅游目的地的整体印象，主要用一个单一的评分项目来衡量。

从旅游目的地信息来源的视角，学者们通常将旅游目的地品牌形象的影响因素归结为个体因素和信息源。Zeng 等（2019）以及 Yang 等从个体因素的视角分析了文化背景对旅游目的地品牌形象的具体影响。王纯阳和屈海林（2013）以及 Hu 等（2019）从个体旅游动机、旅游期望的视角分析了特色旅游目的地品牌形象的影响因素。陆朋（2015）以及叶芳芳（2017）从一手信息源旅游经历、感知距离、旅游涉入度、文化认同等视角分析了对旅游目的地品牌形象的影响。谢彦君等（2014）、Muñoz–Leiva 等（2019）和 Chang 等（2019）从二手信息源互联网、网络新闻、虚拟社区、旅游博客等角度分析了网络平台对于宣传和塑造旅游目的地形象的影响。

此外，对旅游目的地形象影响因素及其关系的研讨中，国外学者通常从整体（总体）形象维度以及情感和认知形象维度来研究旅游目的地形象与游客行为意愿之间的影响关系。Kock 等（2016）利用现代心理学构建了目的地内容模型（DCM），包括认知成分、情感成分和整体评价认知成分，并认为通过研究个体的旅游目的地的心理表征可以理解其旅游意图或行为。Zhang 等（2014）验证了旅游目的地形象对游客忠诚度的影响显著，结果表明整体形象对游客忠诚度的影响最大，其次是情感形象和认知形象，而认知—情感联合形象对游客忠诚度的影响不稳定。Elliot 和 Papadopoulos（2016）采用了学科融合的研究方法，确立总体国家、产品、地方形象旅游要素之间的相互关联性。研究表明认知国家形象和情感国家形象是目的地评价的影响因素，尤其是产品理念影响游客的接受能力，一定程度上验证了从 PCI（Product Country Image）到 TDI（Tourism Destination Image）的理论假设。国内学者朱茜（2011）、郭安禧等（2015）运用数理统计方法分析了认知、情感和总体形象等维度对游客重游意愿的影响关系。沈雪瑞等（2016）验证了旅游者对目的地品牌象征性形象感知中个体自我表达、关系自我巩固和群体归属 3 个维度对旅游者的到访意向有显著的正向影响效应。寿东奇等（2017）运用调查问卷的方法得出满意度和地方依恋对短期、中期和长期重游意愿均有显著影响，求新动机仅对长期重游意愿有显著影响。常小艳（2018）对旅游目的地品牌形象的测量题项进行权衡，最终验证了品牌知晓度、知名度、信任度、质量四个方面对旅游目的地品牌形象存在正面影响，而游客抱怨对旅游目的地品牌形象存在负面影响。

综上所述，国内外学者对旅游目的地品牌形象影响因素的研究主要涉及认知形象、情感形象、象征性属性、整体形象属性、经验属性、品牌态度属性、认知—情感关联形象七个维度。主要针对品牌联想、顾客感知、情感形象、象征性形象、口碑、行为意愿、忠诚度等要素之间进行影响因素关系的分析。并可从个体因素和信息源的视角来具体分析产生影响的动机和渠道。在研究方法上，国内外学者运用了大量结构化和非结构化方法。在分析多位学者的研究成果基础上，主要运用联合分析、因子分析、检验分析、知觉绘图多维缩放和聚类判别分析等方法来研究目的地形象属性编码。总体反映出对情感特征、游客心理、旅游特色等难以量化的因素进行的实证研究相对较少。

2.3.3　旅游目的地品牌形象的评价

有关旅游目的地品牌形象评价的研究文献相对有限。本节在 CNKI 中以"旅游目的地品牌形象评价"为主题，从 2010 年 1 月 1 日至 2018 年 12 月 1 日，共检索出 20 篇学术论文。在 CNKI 高级检索选择硕博论文以"旅游目的地品牌形象评价"为主题，从 2010 年 1 月 1 日至 2019 年 4 月 1 日，共检索出 15 篇。后以旅游小镇评价、景区和城市评价、旅游综合体评价等进行模糊索搜，分别检索出文献 76 篇、11 篇、20 篇。从 Web of Science 核心合集中搜索出相关文献 21 篇，大多是关于旅游目的地（包含城市、景区等）的品牌建设评价、竞争力评价与提升研究等。

国外学者对于旅游目的地品牌形象的评价大多集中在对品牌资产的影响因素以及变量等方面。Ritchie（1998）认为品牌价值评价包括对金融资产和无形的"商誉"的评价。Valek 和 Williams（2018）通过定量研究的方法，以阿布扎比为例，从第一印象、想象和现实的联系、旅游动机的优势、感知目的地形象以及地方依恋程度五个方面对旅游目的地做出评价。Weaver 等（2007）运用典型相关性评价分析得出两组变量，第一组为评价旅行经历和旅行特性的五个变量（访问的国家数目、为娱乐目的访问的国家数目、停留时间、参加旅行的人数和旅行方式），第二组为目的地评价变量（满意度、服务质量、价值和重游的可能性），最终得出目的地评价差异的很大一部分归因于以前的旅行经历和与旅行相关的变量。Gomez 等（2015）采用 PLS – MGA 对葡萄酒旅游目的地品牌资产的两种评价方法（管理者和游客）进行了结合和比较，提出了原产地品牌形象和目的地形象对葡萄酒旅游目的地品牌资产的影响模型，认为通过客户关系管理和了解游客的需求，能够实现品牌资产的长期增长。同时，他们还指出管理者对葡萄酒旅游目的地品牌资产的评价、品牌形象和目的地形象的评价要比游客更积极。

我国学者对于旅游目的地品牌形象测量与评价的研究正在不断进行创新和探索。杨永德等（2007）通过对结构法与非结构法进行综合比较，提出定性与定量测量旅游者目的地形象感知的系统方法以及具体步骤。很多不同学科和领域的研究者都赞成认知评价和情感评价共同构成了一个目的地的总体形象评价。白丹等（2016）运用扎根理论，探讨了世界遗产旅游地游客感知评价。在评价视角方面，柴寿升和郑玮（2017）在全域旅游的思维下，构建了旅游目的地品牌形成影响因素及其评价指标体系。卢杰和闫利娜（2017）构建了乡村文化旅游综合体与新型城镇化建设之间的耦合度评价模型，得出江西省乡村旅游业发展明显滞后。陈航和王跃伟（2018）以互联网旅游日记为数据来源，运用内容分析法对大连旅游品牌进行了情感评价，得到游客对于大连的旅游资源、基础设施、接待服务和社会环境均以正面情感评价为主，但对基础设施和接待服务的负面情感评价也较为显著。

综上，随着互联网的介入，对旅游目的地品牌形象的评价不应局限于"线下形象"，"线上形象"的影响因素测量与评价也尤为重要。此外，对于旅游目的地品牌形象的评价应该是动态性的测量，今后可多引入情感和心理变量对旅游目的地品牌形象评价，这样测量数据与结果才更有真实性和可靠性。随着现代旅游业趋于特色化、个性化、多元化和智慧化，有关特色旅游目的地品牌形象影响因素和评价的研究必将成为热点。

2.4　葡萄酒旅游

有关葡萄酒旅游的研究文献相对有限。在 CNKI 中以"葡萄酒旅游"为主题，从 2010 年 1 月 1 日至 2019 年 1 月 1 日，共检索出 114 篇学术论文，其中硕博论文 20 篇。文献主题及数量如表 2 - 6 所示。

表 2 - 6　葡萄酒旅游文献主题及数量

文献主题	数量（篇）
葡萄酒旅游	86
葡萄酒	38
贺兰山东麓	20
葡萄酒文化	17
葡萄酒产区	13
旅游业	11
旅游酒庄	10
旅游产业	10
旅游者	9

文献主题	数量（篇）
葡萄酒产	8
澳大利亚	7
葡萄酒业	7

葡萄酒旅游是一种新兴的专项旅游、特色旅游形式，是旅游业与葡萄酒业结合的产物，其中葡萄酒庄旅游也是葡萄酒旅游的最主要的、最具有发展潜力的旅游项目。目前国内外学者关于葡萄酒旅游的研究主要集中在葡萄酒旅游概念、葡萄酒旅游者消费行为特征、葡萄酒旅游开发与发展策略等方面。

关于葡萄酒旅游概念的研究，目前尚缺乏统一的观点。国内外学者大多是从旅游者行为动机或目的地营销策略的角度来定义。Hall 等（1997）认为葡萄酒旅游是对葡萄园、酿酒厂、葡萄酒节及葡萄酒展览会的访问，目的是品尝葡萄酒和对葡萄酒产地的体验。Sparks（2007）将葡萄酒旅游定义为旅游者因娱乐目的而访问葡萄酒区。Gómez 等（2015）认为葡萄酒旅游是旅游者参观葡萄园、酿酒厂和葡萄酒的活动，是一种感官体验，可增加对葡萄酒的认识，并可能成为一种让旅游者享受的生活方式。罗斯怡（2017）认为葡萄旅游是指以葡萄为媒介开展的旅游项目，包含各种葡萄旅游类型：鲜食葡萄旅游、酿酒葡萄旅游、制干葡萄旅游、制汁葡萄旅游，并具有产业经营的融合性、旅游项目的参与性与体验性、猎奇性、教育性和趣味性特征。王磊等（2018）认为葡萄酒旅游是葡萄酒业与旅游业相结合的产物，涉及旅游学、地理学、社会学、农学等领域，涵盖了酒庄经营者、农民、产区管理者、旅游者等各利益相关体。需要加强旅游研究与经济学、人类学、社会学的交融与合作，运用综合的研究方法及看待问题的视角来提升葡萄酒旅游研究集成创新和原始创新能力。

综上所述，本书认为，葡萄酒旅游是一种集一、二、三产业为一体的特色旅游,它蕴藏了深厚的历史内涵和高雅的现代文化,追求社会效益、经济效益与生态效益的统一;是以葡萄园生态、酒庄建筑、酿酒工艺、酒容酒器、酒俗酒礼、侍酒文化、康养文化、葡萄酒节庆会展、葡萄酒艺术品等葡萄酒旅游资源为依托,通过观察、品尝、鉴赏、交流、体验等手段满足游客多重需求的具有葡萄酒产业特色的旅游新业态。其涵盖观光、休闲、康体、养生、教育、科研、娱乐、美食、购物等多种功能,在全域旅游、文旅融合、全民健康时代,葡萄酒旅游也作为一种目的地营销策略,倡导着美好生活方式。

关于葡萄酒旅游者消费行为的研究,主要集中于对葡萄酒旅游者的旅游动机、满意度、生活方式、参与度等消费心理和行为的研究。Marzo - Navarro 和 Pedraja - Iglesias(2009)从西班牙游客的角度,利用结构方程模型研究游客参加区域葡萄酒旅游相关活动的激励机制和障碍因素。Yuan 等(2008)全面研究了葡萄酒旅游者过去的行为方式、满意度、感知价值、行为意图间的关系,并建立了影响因素模型。Bruwer 等(2011)对参观澳大利亚亚拉河谷(Yarra Valley)葡萄酒产区的 10 个葡萄酒庄品酒室内的游客进行问卷调查,研究发现了葡萄酒游客在性别和年龄等方面的消费行为、偏爱度和感知度等差别。Sparks(2007)研究发现在酒庄旅游产品的设计中融入地方特色美食和对葡萄酒的品尝及对葡萄酒的各种介绍更有助于游客产生到葡萄酒产区度假的意图。

关于葡萄酒旅游开发、营销及发展策略的研究主要集中在影响因素、发展模式、营销战略等方面。Jones 等(2013)从供应商角度,对葡萄酒产地转变为葡萄酒旅游目的地的成长和发展以及国内外竞争力等关键因素进行了研究,并提出了葡萄酒旅游关键因素概念模型。Vlachvei 等(2012)利用 33 家希腊葡萄酒生产商的半结构化采访等资料,提出了希腊葡萄酒生产商的品牌战略。Gómez 和 Molina(2012)利用 SPSS 和结构方程模型对西班牙四个地区的葡萄酒旅游业进行分析,提出了旅游目的地品牌价值模型,分析了原创品牌形象设计和目的地形象对葡萄酒旅游目的地及旅游利益相关者的影响。Hall 等

（1997）利用案例研究的方法，论述了葡萄酒旅游在目的地经济发展中所起的作用。Afonso 等（2018）利用对称 SEM 和不对称 fsQCA 两种方法来探讨参与葡萄酒活动对游客返回葡萄酒区域的影响，SEM 的结果显示只有参加或者参与葡萄酒活动才会对游客回归意向产生积极影响，而 fsQCA 的结果则表明这些因素应始终与核心酒和教育相结合。张红梅等（2014）以文献比较、实地调查、专家访谈获取的资料为依据，采用规范分析的方法分析了贺兰山东麓葡萄酒产业与文化旅游产业对接的契合点，得出延伸型、重组型、渗透型这三种葡萄酒产业与文化旅游产业融合发展的模式。林富强等（2018）针对酒庄文化旅游存在的问题，以烟台十大休闲葡萄酒庄为例，通过分析酒庄文化旅游的经营规模与特色、休闲娱乐功能、生活功能、科普与教育功能，提出了发展的建议和对策。罗斯怡（2017）通过查阅中英文葡萄产业的相关数据，运用 GIS 研究手段、大数据采集技术获得近 4000 条百度地图的葡萄 POI 实时数据，利用 ArcGIS 对中国葡萄产业的空间分布特点（不含港澳台）进行了分析，并采用叠加分析模型得出不同地区葡萄旅游开发的方向。

综上所述，国外对葡萄酒旅游研究较早且比较系统和深入，注重量化分析及数据挖掘。国内相关研究呈初级状态，多集中于具体的案例，以归纳总结和定性描述居多，研究方法较为单一，数据分析缺乏深度。随着近几年国内一些产区如宁夏贺兰山东麓、山东烟台葡萄酒产业的快速融合发展及市场化、品牌化的强烈需求，有关葡萄酒旅游的研究文献数量明显增多。在"互联网 + 智慧旅游"、文旅融合、健康中国等时代背景下，有关葡萄酒旅游与新一代信息技术、健康产业、文化产业融合等内容逐步成为研究热点。葡萄酒旅游作为一种融合性强的特色专项旅游，相关目的地品牌建设及营销传播的研究呈现热点趋势。

2.5　本章小结

　　有关特色旅游目的地品牌形象方面的学术研究仍是一个较新的研究领域。旅游目的地品牌化是研究旅游目的地品牌形象的理论基础，旅游目的地品牌形象是旅游目的地品牌化的关键性要素及营销目标，旅游目的地的品牌营销问题和多个利益相关者之间的合作关系及协调机制问题是未来的重点研究方向。目前国内外对特色旅游目的地品牌形象的概念、类型、影响因素、评价方面的研究相对匮乏，缺乏理论和实践两方面的系统整合和综述。特别是现有的相关定性研究大多停留在现象和问题的展示方面，缺乏对影响因素、影响机制中情感、心理、文化等因素的深度挖掘和系统实证分析；相关定量研究也缺乏系统分析和深入研究。结合具体目的地的案例研究较为不足，尤其是以葡萄酒旅游为例的特色旅游目的地品牌形象研究更为缺乏。以上文献综述为下一步的研究奠定了一定的理论基础，明确了研究方向。

第3章　基于扎根理论的特色旅游目的地品牌形象影响因素研究

——以宁夏贺兰山东麓葡萄酒旅游目的地为例

3.1　问题提出

为建设优良的特色旅游目的地，进一步提升旅游目的地品牌形象，需要对特色旅游目的地品牌形象进行系统研究和综合分析，因此分析和确定特色旅游目的地品牌形象的影响因素成为研究的首要目标。

通过对旅游目的地品牌形象的相关文献研究发现，有关旅游目的地形象的研究起步较早且相对规范成熟，但有关旅游目的地品牌形象的研究融合了品牌化、品牌资产、品牌定位等概念内涵，目前尚无研究定论。本书在旅游目的地品牌形象概念体系综述的基础上，进一步结合相关文献研究归纳出了七个影响维度：认知形象、情感形象、象征性属性、整体形象属性、经验属性、品牌态度属性、认知—情感关联形象。但目前有关影响因素及其关系的研究涉及维度较为零碎且自成体系，主要涉及品牌联想、顾客感知、情感形象、象征性形象、行为意愿、满意度、忠诚度等影响因素，研究结论主要反映了各因素之间的结构性单向关系，对其内在构成、互动关系及影响机制的研究较缺乏。而结合现代旅游发展背景针对特色旅游目的地影响因素的研究甚为缺少，也缺乏特色因素或个性因素等关键因素的提炼和识别研究，尤其对影响因素中情感特征、游客心理、特色文化等难以量化的因素进行的实证分析和系统研究较少。

另外，国内外学者对旅游目的地品牌形象影响因素的研究视角趋近，影响因素基于游客、管理者、专家视角及多渠道收集资料的研究较少；在研究方法方面，国内外学者运用了大量结构化和非结构化方法。主要运用联合分析、因子分析、检验分析、知觉绘图多维缩放和聚类判别分析等方法。运用扎根理论进行特色旅游的研究尚不多见，近年来在演艺旅游、文化遗产旅游中偶有出现。

因此，本章选取宁夏贺兰山东麓葡萄酒旅游目的地为案例，在收集大量原始资料的基础上，借助扎根理论这种定性实证方法，从游客、管理者及专家的视角系统探究特色旅游目的地品牌形象影响因素及其内在互动关系，并厘清游客的情感形象、特色形象等定量研究难以界定的因素与整体形象之间的关系。从认知、情感、感知和行为等角度提炼和归纳影响特色旅游目的地品牌形象的影响因素，并梳理构建各因素间的典范模型。本章研究一方面为第 4 章影响机制验证研究奠定基础；另一方面为第 5 章评价指标体系的维度构建和指标选取提供依据。

3.2 数据来源与研究方法

3.2.1 数据来源

本书的研究资料主要来源于三个方面（见表3-1）。一是从游客、管理者视角出发，通过随机访谈的形式，对61位酒庄游客进行实地半结构式录音访谈。对贺兰山东麓葡萄产业园区管理委员会管理人员及志辉源石、贺兰晴雪等7个酒庄共18位管理人员进行逐一深度访谈。访谈的内容主要涉及：游客消费方式，游前、游中、游后的认知与情感变化；游客满意度、是否会推荐以及重游；葡萄酒旅游目的地的基本情况，包括历史与现状、发展战略与理念、优劣势等；葡萄酒旅游目的地产业融合、营销模式、品牌建设影响因素（访谈提纲见附录1）。二是运用CNKI数据库中CSSCI、北大中文核心期刊、硕博士论文等文献，从专家视角出发，通过"葡萄酒旅游""旅游目的地"进行关键词检索，依据相关性筛选出76篇文献（见附录2）。三是通过网络评价，从游客视角出发，截取近3年对贺兰山东麓葡萄酒旅游的相关网络评价，剔除字数不超过30字的评论及无关评论，最终筛选出253条（包含网站信息46条及OTA平台信息207条）。

表3-1 研究资料主要来源

数据类型	主要来源	数量
酒庄访谈	游客访谈：2017~2019年，团队与贺兰山东麓葡萄酒旅游目的地的大众游客、葡萄酒专业爱好者、葡萄酒经销商面对面交流、微信与QQ在线交流	61位
	管理者访谈：2017~2019年，团队与酒庄管理者、葡萄产业园区相关管理人员面对面交流、微信与QQ在线交流	18位

数据类型	主要来源	数量
期刊文献	2010~2018年，发表在核心期刊的关于葡萄酒旅游目的地、贺兰山东麓葡萄酒相关案例的文献	76篇
网络资料	葡萄酒旅游相关专业网站，即宁夏智慧旅游网、宁夏贺兰山东麓葡萄与葡萄酒国际联合会、宁夏紫色梦想网、红酒世界网等官方微信公众号的推文；精选有关葡萄酒旅游目的地的介绍、专业人士及游客对宁夏贺兰山东麓的评价	46条
	通过OTA平台即美团、携程旅游、大众点评、去哪儿网、飞猪、驴妈妈、途牛等，搜索"宁夏酒庄""贺兰山东麓"，得到相关有效评价	207条

通过访谈录音导出、期刊查阅、新闻报道、旅游评价等资料依据相关性原则精选出初始记录共400余条，将所有评论内容汇总到".txt"格式的文本书档中，用自然语言处理方法的语义分析统计出高频词汇的关键词，以2~3个字的名词为主合并近义词，对基于高频词汇为开放性编码过程中的概念分析、细化、提取提供了参考，如表3-2所示。

表3-2 高频词汇统计结果

核心范畴	记录数	关键词
认知形象	211	葡萄酒（205）、服务（128）、特色（109）、美食（95）、文化（80）、设施（76）、风景（72）、管理（72）、信息（71）、环境（68）、风土（65）、交通（61）、生活（60）、政策（54）、建筑（51）、社会（50）、住宿（45）、自然（43）、节庆（38）、地道（35）
情感形象	133	感受（95）、心情（90）、需求（85）、休闲（78）、喜欢（77）、有趣（71）、健康（62）、学习（60）、快乐（58）、友好（53）、难忘（50）、艺术（49）、新颖（46）、美好（43）、奇妙（36）、收获（35）、深刻（31）
感知价值	113	值得（87）、品质（81）、知识（74）、吸引力（69）、影响力（65）、成本（63）、性价比（62）、惊喜（61）、时间（61）、超值（58）、创新（57）、实在（48）、精力（30）
感知质量	146	服务（128）、质量（119）、产品（115）、销售（92）、卫生（85）、功能（80）、安全（78）、专业（75）、热情（71）、礼貌（69）、品鉴（40）

续表

核心范畴	记录数	关键词
满意度	159	服务（128）、体验（117）、产品（115）、评价（91）、希望（88）、满意（86）、品牌（83）、销售（92）、价格（58）、诚信（50）、可靠（32）
行为意愿	167	推荐（120）、购买（138）、愿意（94）、分享（90）、再次（87）、点赞（61）、心动（41）、忠诚度（39）
品牌形象提升	98	特别（87）、品牌（83）、形象（75）、水平（75）、影响力（65）、提高（62）、名声（57）、获奖（52）、国际化（41）、多元（23）

注：表中核心范畴及记录数由后期开放编码后分类得出，在此仅体现与高频词汇的对应关系。

3.2.2　数据信度和效度的保证策略

按照 Yin 等（2004）提出的建构效度、内在效度、外在效度和信度四项案例研究质量的评价标准，并参照章凯等（2014）所采用的信度和效度方法对本书数据进行控制和检验，具体如表 3 - 3 所示。

表 3 - 3　数据信度与效度的保证策略

检验	策略	策略使用阶段	具体做法
建构效度	多元的证据源	数据收集	访谈、调查问卷、内部资料、网络资料、期刊文献资料等
	形成研究报告，并送证据提供者进行核实和检验	数据收集	将该章节研究成果交给第三方征询与反馈，避免自设立场，避免先入为主的主观判断
	证据链	数据收集	获取原始资料——开放性编码，提取概念和范畴——对主范畴进行编码——选择性编码，初步构建理论——再收集资料对理论进行验证和修正——形成理论
内在效度	解释的建立	数据分析	根据现在资料和数据，提出可能的命题并进行描述
	分析与之对立的竞争性解释	数据分析	研究团队成员对初步解释进行讨论，并进行多次修正

检验	策略	策略使用阶段	具体做法
外在效度	用理论指导案例研究	研究设计	查找相关理论,将案例研究与理论相结合
	形成命题	数据分析	结合数据分析与相关理论,形成命题
	研究计划书	研究设计	研究者剔除研究计划书,研究团队成员进行多次讨论
	案例研究数据库	数据收集	建立资料分析与相关理论,并对其进行编码和分类
信度	案例迭代研究	数据分析	与研究团队的其他成员对各级编码进行分析、比对、反复验证,最终达成一致意见
	多种类型证据呈现	数据分析	事例型、文本型和言语型三类证据 事例型证据:发生在葡萄酒旅游中的事件及过程 文本型证据:期刊、网络等二手资料中提取的证据 言语型证据:访谈、视频、录音中提取的证据

3.2.3　研究方法

扎根理论(Grounded Theory)这一质性研究方法由 Barney Glaser 和 Anselm Strauss 在 1967 年提出。作为一套完整并独立的广泛应用于社会科学中的研究方法论,其过程主要包括归纳式质性研究方法。扎根理论之所以是一种新颖的理论范式,原因在于它摆脱了传统理论研究中常见的"先入为主"观点,其主要优点是可以避免实证范式下经验性观念或预设性理论模式对所用资料和所得结论范围的"程式化"限制,对发散型问题,如涉及个体情感、心理等不好量化的因素,可进行适当自下而上的归纳推理。具体来说,扎根理论是指研究者参与研究对象的环境中,采用介入式观察和非结构性访谈等方法系统、详尽地描述和反思研究对象的事实境况,进而在此基础上抽象出并提升理论的一种研究方法。扎根理论强调在系统收集资料的基础上寻找反映社会现象的核心概念,进而建立这些概念间的联系而形成理论。扎根理论研究方法对资料的分析过程包括三个主要步骤,依次为开放性编码、主轴编码和选择性编码。

（1）开放性编码。开放性编码过程要摒弃个人偏见和既定理论，将资料按其本身所呈现的状态加以命名和类属。将原始资料记录逐步进行标签化、概念化和范畴化。标签化即对原始资料分段贴标签，并进行提炼整合实现其初步定义。概念化是准确体现标签化内容本质内涵的过程。它可以是一个词语、一个短语或是一个短句。范畴化即以某一个概念为中心，将其他种类合并为概念群，能有效替代访谈资料的大量内容。也就是根据一定原则将大量的资料记录逐级"缩编"，用概念和范畴来正确反映资料内容，并把资料记录以及抽象出来的概念重新整合的过程。对范畴的性质和性质的维度进行界定，确保概念到范畴的提炼操作尽量科学贴切。

（2）主轴编码。在概念化和范畴化阶段，研究者将资料分解并指认出范畴，该过程对资料进行一定程度的抽象和提炼，但最终得出的范畴几乎都是独立的，其间的关系并未得到深入探讨，而关系的建立是得出结论的前提。为此，主轴译码是通过运用"因果条件→现象→脉络→中介条件→行动策略→结果"这一典范模型，将开放性译码中得出的各项范畴联结在一起的过程，能重新整合被分解的资料。

（3）选择性编码。选择性编码是指选择核心范畴，把它系统地和其他范畴予以联系，验证其间的关系，并把概念化尚未发展完备的范畴补充整齐的过程。该过程的主要任务包括识别出能够统领其他所有范畴的"核心范畴"；用所有资料及由此开发出来的范畴、关系等扼要说明全部现象，即开发故事线。选择性编码中的资料整合与主轴编码差别不大，只不过所处理的分析层次更为抽象。

"扎根理论"强调从资料中提升理论，认为只有通过对资料的深入分析，才能逐步形成理论框架。本书采用扎根理论研究方法的原因：①它摆脱了传统理论研究中常见的"先入为主"观点，可以避免实证范式下经验性观念或预设性理论模式对所用资料和所得结论的"程式化"限制。②本书研究贺兰山东麓葡萄酒旅游目的地品牌形象影响因素，其中涉及许多如游客情感、游客心理、特色等难以量化的因素，而扎根理论可进行适当自下而上的归纳推理。本书团队长期驻扎宁夏贺兰山东麓葡萄酒旅游目的地，收集了大量有关本书的一手资料。总体来说，宁夏贺兰山东麓葡萄酒旅游目的地案例为特色旅游目的地品牌形象影响因素模型提供了很好的素材。

3.3　扎根分析

3.3.1　开放性编码

开放性编码过程要摒弃个人偏见和既定理论，将资料按其本身所呈现的状态加以命名和类属。本书在开放性编码第一阶段将原始资料记录逐步进行标签化、概念化、范畴化。

（1）标签化。对原始资料整理阶段生成的 400 余条记录共 5 万字内容，根据访谈问题进行分类逐段贴标签，共建立 1050 个标签。对贴标签的句子进行提炼、整合，实现初步定义；标签化并不一定完全是材料中的词汇，但为减少研究者个人偏见、定见或影响，本书尽量使用受访者的原话作为标签，也包含对材料的高度概括，根据语义关系去掉重复的共得到 690 条标签。如某游客表示"宣传与实际相符"，结合高频词汇将其标签化概括为"可靠"。

（2）概念化。根据引入的 690 条标签发现，标签与标签之间具有相似性与相异性，参考文本挖掘所得出的关键词及高频词情况，结合情境关系、因果关系等，将具有相似性与相异性的标签进行归类、重命名后引入概念 107 条。如标签中"再次到访、沉浸投入、深度体验、依恋"等根据情境原则都能带来游客的持久涉入，因此将这些标签归入"持久涉入"概念。

（3）范畴化。剔除个别前后矛盾的概念，结合理论知识，团队反复讨论后将107条概念归纳为19个范畴。如"基础设施"是对"酒庄建设、服务平台建设"等的归纳；"旅游综合体"是对"酒庄旅游产业""产业融合"等的归纳；其同属于对目的地"物质形象"的感知（见表3－4）。

表3－4　开放性编码分析举例

初始资料	来源	标签化	二级概念	范畴
宁夏贺兰山东麓已经建成86家葡萄酒庄，贺兰晴雪、志辉源石、巴格斯等36家列级酒庄，均具有一定的旅游功能……	贺兰山东麓葡萄产业园区管理委员会管理人员访谈	酒庄建设完善、服务平台建设、信息化平台建设、交通情况	基础设施	物质形象
产区经过三十多年的努力，有了一定的基础。近年来贺兰山东麓葡萄酒庄的发展得到了政府的高度重视，出台了一系列的鼓励发展政策。在产品属性、服务质量、基础设施、信息化建设、交通等方面都比以前更完善了……				
作为国家3A级旅游景区，志辉源石已发展成集葡萄栽培管理、酿造、观光旅游、休闲农业为一体的综合型葡萄酒庄…… 葡萄酒产业是一种集高效农业、绿色工业、特色旅游业、文化产业于一体的复合型产业……	中国葡萄酒资讯网	复合型产业、延伸产业链条、产业融合	旅游综合体	
随着经济全球化与信息多元化的发展，葡萄酒旅游业作为新型的利基旅游业，其发展也必然会依赖信息技术……	农业网络信息	大数据、云计算、物联网、智慧旅游服务、智慧旅游管理、智慧旅游营销	信息技术	
可借助物联网、云计算、大数据等新一代信息技术及网络新媒体等营销手段，优化再造旅游酒庄业务流程和智慧化运营管理，让葡萄酒旅游由粗放管理走向精细化……	宁夏文化和旅游厅公共服务处管理人员访谈			

续表

初始资料	来源	标签化	二级概念	范畴
近年来，到宁夏的国际友人近一半是因葡萄酒而来，宁夏的葡萄酒已经成为宁夏对外开放的一张紫色名片……	马顺清，2017年时任宁夏回族自治区党委常委	文旅融合、旅游酒庄、移动酒庄、特色体验	特色产品传播渠道	特色形象
在推进葡萄酒产业与文化旅游融合发展方面，以列级酒庄中的旅游酒庄为重点，针对国内外葡萄酒爱好者和旅游者开发了葡萄酒旅游精品线路和葡萄酒旅游特色体验活动。通过建设移动酒庄、飞行酒庄、邮轮酒庄等形式，组织人员到宁夏酒庄旅游体验，展示和销售宁夏葡萄酒……	贺兰山东麓葡萄与葡萄酒国际联合会及酒庄管理人员访谈			
这几年生活水平提高，也想来赶赶时髦，体验一下特色的、高端的葡萄酒旅游，提升一下消费品位……	游客访谈	品味、特色、自然风貌、建筑风格、民俗风情、地域文化	特色资源人文形象	
与法国波尔多、澳大利亚猎人谷、美国纳帕等知名葡萄酒旅游目的地相比，到贺兰山东麓有着不一样的中国风貌……贺兰山、戈壁滩、黄河边、葡萄园、神秘西夏、民俗风情，一座座风格迥异的葡萄酒庄与景区交相辉映，不用出国，也能品味好喝的轩尼诗、赤霞珠、美乐、西拉，美酒配上宁夏的滩羊肉，那感觉棒极了……				

总之，根据语义关系、相似关系、因果关系、情境关系等原则将大量的资料记录加以逐级"缩编"，用概念和范畴来科学反映资料内容。

在开放性编码第一阶段，团队将资料分解并指认出范畴，该过程对资料进行了一定程度的抽象和提炼，但得到的范畴之间还有一定的关联性。如开放性编码第一阶段中物质形象是对目的地基础设施、交通类硬件设施的归纳，而精神形象是对目的地服务、审美、氛围等无形因素的归纳，因此精神形象通常都以有形的标志或标识来认知体现，结合目的地形象相关理论，在此可将物质形象与精神形象归属于对旅游目的地的认知形象。为此在第二阶段，对开放性编码第一阶段中得到的范畴进一步归并，将第一阶段范畴命名为二级范畴，将归并后的范畴命名为核心范畴（见表 3-5）。

表 3-5 开放性编码汇总结果举例

核心范畴	二级范畴	核心概念	标签化举例
认知形象	物质形象	基础设施、旅游综合体、信息技术	酒庄建设完善、公共服务平台、信息化建设、交通、复合型产业、延伸产业链条、产业融合、大数据、云计算、物联网、智慧旅游
	精神形象	服务、审美、社会氛围	管理水平、导游服务、导览服务、导购服务、服务水平、精神面貌、酒庄艺术性、建筑风格、葡萄酒旅游、休闲与康养并重、社区参与、葡萄酒节庆
	环境形象	政策、经济、生态	法律法规、产业政策支持、评价体系、管理体系、区域竞争力、居民消费收入、经济前景、地理条件、气候条件、土壤条件、风土资源
	特色形象	自然景观、文化、历史、宗教	特色景观、特色建筑、地域文化、历史文化、宗教特色、特色产物、特色服务
情感形象	旅游心理	旅游需求、偏好、信念、态度、意念、意志	消费者需求、个性化取向及偏好、审美、旅游情感、旅游期望、价值观、诱惑、快乐、坚持
	旅游动机	休闲娱乐、社交、文化交流、教育科普、特色体验	品鉴红酒、结交知友、亲子研学、交流学习、课程实践、不一样的经历、健康养身、运动休闲、娱乐、度假、增长见识、艺术熏陶、自助、团队

注：本表完整内容见附录 3。

通过第二阶段范畴归并后，得出七个核心范畴，分别为认知形象、情感形象、感知质量、感知价值、满意度、行为意愿、品牌形象提升，具体分析如下：

认知形象。通过对文本的开放性编码，结合认知形象概念：认知形象是游客对旅游目的地的综合环境评价，游客对旅游目的地的认知程度主要受到游客个体差异、所处的信息环境及以往的经验积累这三个方面的影响。因此将二级范畴物质形象、精神形象、环境形象、特色形象归结为核心范畴"认知形象"。

情感形象。在开放性编码中，包含情感、心理因素的概念较多呈现，可见游客在葡萄酒特色旅游中更加关注自身内在感受，如好奇、新鲜、神秘、放松、好学、激动、坚持等。根据情感形象是一个多成分的复合过程，包括内在体验、外显表情和生理激活三种成分，且情感状态与情感信号之间存在复杂的映射，故此将二级范畴旅游心理、旅游动机归结为核心范畴"情感形象"。

感知质量。在开放性编码中发现，游客在游览后大多会对葡萄酒旅游目的地服务质量的感知结果做出评价，如服务员优雅亲和、服务方便快捷、品鉴规范专业、食宿娱服务配套、旅游商品种类全等。根据顾客感知服务质量模型，感知服务质量就是顾客实际感知的服务绩效与之前预期的比较，如果感知服务绩效超过预期则感知质量较高，反之则较低。近年来，理论界关注的重点是以顾客评价为核心的服务质量，测量维度为期望质量与经验质量的比较，其中，经验质量是对服务的技术质量和功能质量的体验和评价而得到的印象。因此将期望质量和经验质量归结为核心范畴"感知质量"。

感知价值。通过梳理，在前期标签化、概念化、范畴化后归纳出的有关各类价值、成本的范畴基础上，结合感知价值的定义顾客在付出和回报的基础上，以"利得与利失"观点来衡量对产品（或服务）的总体感受。将总价值与总成本进行比较后的结果可以表达为感知价值，因此将二级范畴功能价值、品牌价值、情感价值、感知成本进一步归结为核心范畴"感知价值"。

满意度。通过开放性编码发现，访谈内容中经常会体现出游客对葡萄酒旅游体验的满意度评价，游客在出游之前对葡萄酒品质及其配套旅游服务的期望和实际体验在整个旅游环节发挥着重要作用，常会出现高端优质的葡萄酒因缺乏亲和友善的配套服务而导致游客评价较低的现象。如果旅游过程中游客的期望得到满足，则说明游客获得了预期或者超出预期的正面旅游体验，反之亦然。结合满意度的定义为游客对旅游产品和服务的评价，由最初的旅游期望以及实际体验的效果来决定。故将产品和服务两方面的游客体验与期望比较归结为核心范畴"满意度"。

行为意愿。开放性编码中得出溢价购买、重游、推荐意愿、忠诚度等二级范畴，而且游客对葡萄酒旅游地的深度或高频体验可提炼为"持久涉入"。而游客行为意愿的衡量是通过溢价购买意愿、忠诚度、对内回应、行为转换和对外回应五个方面来测量，故将游客意向、忠诚度、持久涉入归结为核心范畴"行为意愿"。

品牌形象提升。开放性编码中提炼出核心范畴"品牌形象提升"，游客的积极行为重游、推荐、溢价、忠诚、持久涉入等对旅游目的地物质形象、环境形象、精神形象、特色形象等提升及情感价值、品牌价值、功能需求提升等产生积极作用。

3.3.2　主轴编码

在开放性编码阶段，团队将资料分解并指认出范畴，该过程对资料进行了一定程度的抽象和提炼，但最终得到的范畴相对独立，其间的关系并未深入探讨，而关系的建立是得出扎根结论的前提。为此，在主轴编码阶段进行了两方面的梳理。一方面，通过"因果条件—现象—脉络—中介—行动策略—结果"这一典范模型关系，将各个独立的范畴、概念上的相互关系和逻辑次序加以联结、整合得到每一个核心范畴的独立典范模型图；另一方面，通过各个独立典范模型梳理出七个核心范畴的系统典范模型图。以认知形象核心范畴为例，表 3-6 和图 3-1 给出的是认知形象范畴的典范模型，其他核心范畴典范模型同理可得，在此不再赘述。

表 3-6　认知形象范畴典范模型

因果	理性认知	现象	物质形象、环境形象
脉络	特色景观、特色美食、特色服务	中介条件	信息技术、服务载体
行动策略	信念、意志、态度、旅游心理	结果	情感形象、行为意愿

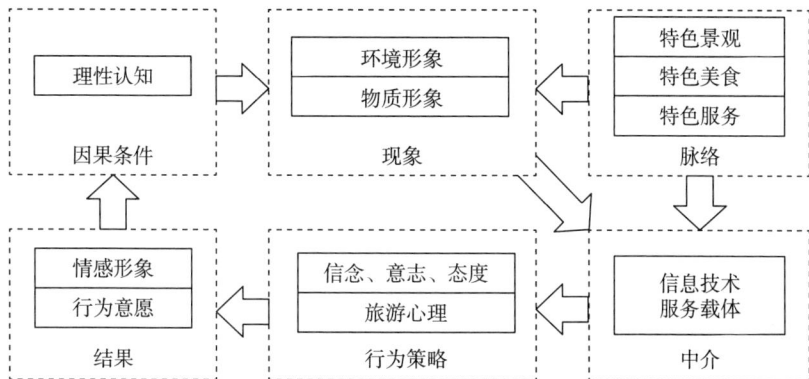

图 3 - 1　认知形象范畴典范模型示意图

围绕认知形象主轴编码发现：①游客的理性认知会直接作用于葡萄酒旅游目的地的物质形象与环境形象，属于因果关系。②以物质形象和环境形象为现象，以特色建筑、景观、服务等为脉络，以游客为中心的特色文化传播、价值创造与分享，会影响游客对旅游目的地特色形象、精神形象的感知。③由信息技术、服务载体等为中介传播的特色形象、精神形象，对游客信念、意志、态度及旅游心理具有决定性作用，进而影响情感形象或游客行为意愿。

主轴译码过程中所得出的主范畴有着归纳性和引领性的作用，通过对认知形象、情感形象、感知价值、感知质量、满意度、行为意愿、品牌形象提升七个核心范畴系统典型模型图的分析，并且结合原始资料、小组讨论等形式进行互相比较，得到葡萄酒旅游目的地品牌形象影响因素的关联关系，如图 3 - 2 所示。

3.3.3　选择性编码

经过以上对范畴的分析，又加深了对范畴及其关系的进一步理解。在对原始资料概念化、规范化、范畴化以及主轴编码后，扎根理论分析进入第三个阶

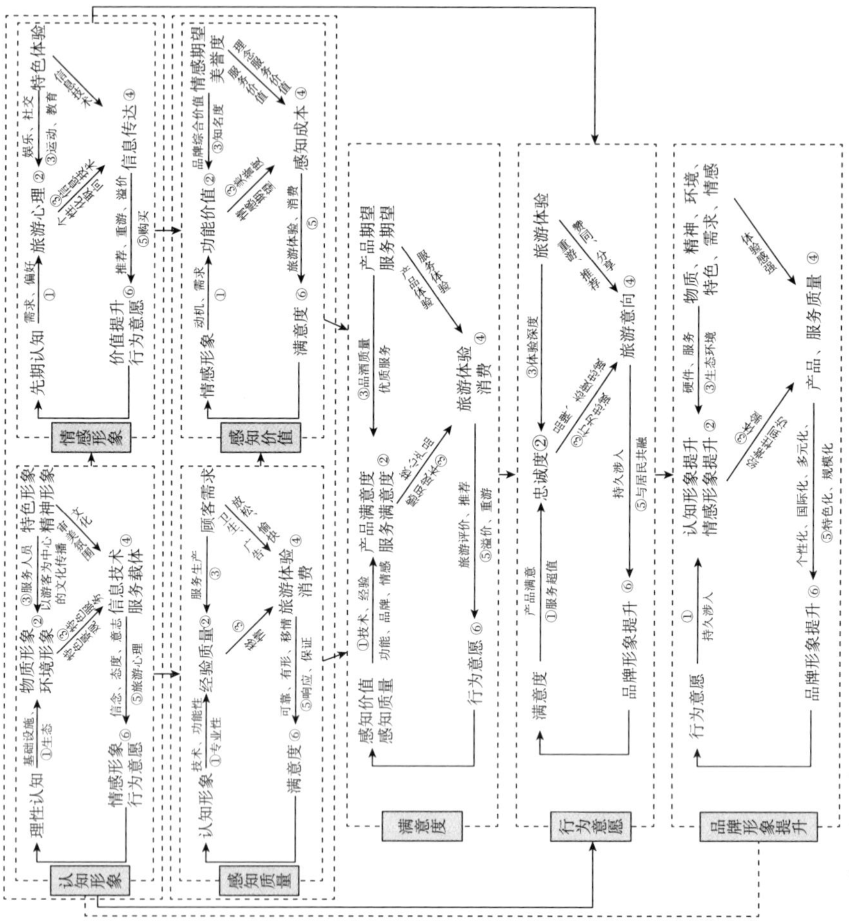

图 3-2 核心范畴典型范型模型系统

注：①因果条件；②现象；③脉络；④中介（载体）；⑤行动（策略）；⑥结果。

段——选择性编码。选择性编码是指选择核心范畴，把它系统地和其他范畴予以联系并验证，用范畴、关系等扼要说明全部现象，即开发故事线。

扎根理论研究中，本书的主轴范畴之间的关系有这样两大类：一是因果关系的紧密程度，即范畴之间存在因果链条，但并非按照单一途径；二是范畴之间制约的严格程度，既然存在因果关系，那范畴之间必然存在制约关系。

因果关系。通过本书开放性编码、主轴编码以及主轴编码中对范畴的详细分析，本书将游客认知定义为旅游目的地的第一感知阶段，会影响游客对旅游目的地品牌形象的感知质量、满意度、行为意愿；将游客情感定义为旅游目的地的第二感知阶段，会影响游客对旅游目的地品牌形象的感知价值、满意度、行为意愿；游客的行为意愿和品牌形象提升定义为旅游目的地的第三感知阶段，是葡萄酒旅游目的地品牌形象的整体感知和行为结果的表现。

制约关系。通过开放性编码、主轴编码对范畴的详细分析，本书将情感形象与认知形象定义为第一制约阶段，情感形象会影响认知形象，认知形象会制约情感形象；将感知价值与感知质量定义为第二制约阶段，游客在付出和回报的基础上对产品和服务的总体感受受到游客期望与实际感知间服务差距的影响，而此服务差距的影响会反作用于游客总体感受；将情感形象、认知形象与行为意愿、品牌形象提升定义为第三制约阶段，游客对葡萄酒旅游目的地品牌形象的认知与情感，会作用于游客行为意愿，而游客行为意愿又通过行为判断和选择反映出游客对葡萄酒旅游目的地品牌形象的认知与情感，进而可以影响品牌形象的提升。如此循环往复，使得目的地品牌形象获得持续提升。

参照上文典范模型系统图，进一步梳理关系并验证核心范畴，选择性编码过程提取出的故事线如图 3 - 3 所示。

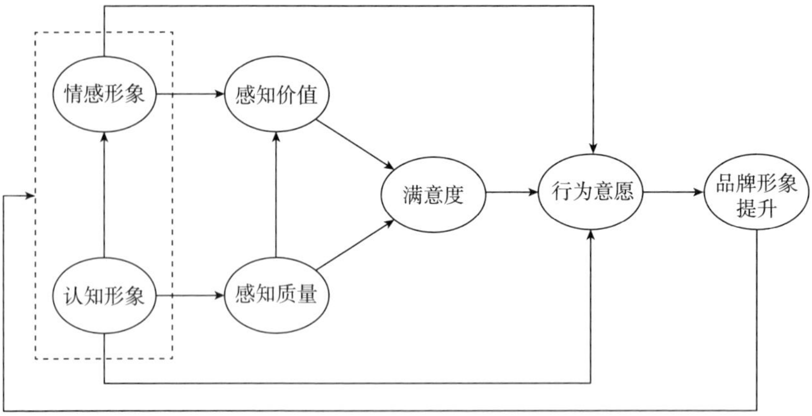

图 3 – 3   选择性编码提取故事线

3.4 研究结果

本章以宁夏贺兰山东麓为案例，以游客及行业管理者访谈样本为主，结合相关文献及网络资料来源，通过游客、专家、管理者三个视角，运用扎根理论研究方法，将收集到的原始资料进行分类、比较、整合、提炼等系统实证分析，旨在得出葡萄酒旅游目的地品牌形象的影响因素。

（1）在开放性编码的第一阶段得到 19 个二级范畴即二级影响因素，在开放性编码的第二阶段将 19 个范畴进行归并得到 7 个核心范畴即一级影响因素：认知形象、情感形象、感知质量、感知价值、满意度、行为意愿、品牌形象提升。认知形象中包括二级因素物质形象、精神形象、环境形象和特色形象；情感形象中包括二级因素旅游心理、旅游动机；感知质量中包括二级因素期望质量和经验质量；感知价值中包括二级因素功能价值、品牌价值、情感价值、感知成本；满意度中包括二级因素产品满意度和服务满意度；行为意愿中包括二级因素游客意向、忠诚度、持久涉入；品牌形象提升中包括二级因素认知形象提升与情感形象提升。

（2）"信息技术、旅游配套设施"等作为物质形象的次级因素，"特色景观、特色建筑、特色美食、地域文化"等作为特色形象的次级因素，"旅游需求、旅游偏好"等作为旅游心理的次级因素，还有"服务价值、功能价值、技术质量、产品体验、服务体验、品牌忠诚度、持久涉入"等次级因素在扎根分析中关注度很高，被多次提及其重要性。其中，基于游客视角更加关注的影响因素主要有：情感形象、心理因素、特色形象、感知质量、感知价值、满意度和行为意愿等。基于管理者和专家视角更加关注的影响因素主要有：物质形象、环境形象、感知质量、行为意愿等。

（3）在主轴编码中，依据 7 个因素系统典范模型图显示的内在机理和范畴提取完整过程（见图 3 - 2 和附录 3），可梳理得出以下关系：认知形象通常以物质形象和环境形象为现象，以游客为中心，以信息技术、服务载体等为中介传播特色形象、精神形象，进而影响情感形象或直接导致游客行为意愿。情感形象往往取决于游客的先期认知，会影响游客对旅游目的地的判断。情感形象可直接影响游客对目的地的感知价值，进而通过满意度衡量产生行为意愿，也可直接导致行为决策；感知质量与感知价值，分别由游客认知形象和情感形象通过旅游体验而体现出来，进而影响游客满意度。而满意度是游客期望和实际体验相比较的评价结果，决定了游客行为意愿；游客推荐、重游、溢价购买等行为意愿及其持久涉入和情感体验反映出游客对目的地的品牌忠诚度及品牌依恋，并会再次作用于认知形象和情感形象（整体形象的组成部分），从个体到群体、从单次到多次、从新客户到老客户的循环累积作用，不断促进葡萄酒旅游目的地品牌形象的系统提升。

（4）扎根分析中反映基于游客、专家和管理者等多个视角所关注的影响因素，通过循环往复的作用机制，最终在目的地品牌形象和行为意愿影响因素上予以交合。从而为特色旅游目的地的相关管理工作带来如下共性启示：

第一，构建旅游目的地良好完善并独具特色的认知形象尤为重要。如可以通过完备的旅游基础设施和智慧化信息平台突出物质形象；通过良好的信息导向、标志标识来突出精神形象；通过科学有效的政策保障、市场经济和生态保障来突出环境形象；通过特色建筑和特色景观来突出特色形象，这是旅游目的地的核心吸引力所在，也有利于产生积极的情感形象。

第二，积极的游客情感和心理因素通过旅游体验（行为体验和情感体验）来影响感知，通过树立积极的情感形象和认知形象产生直接或间接的行为意愿，这有利于树立和提升葡萄酒旅游目的地品牌形象。因此，相关葡萄酒旅游企业需要重视游客心理和行为特征的探究，开发有针对性的个性化产品与服务，增强游客行为体验和情感体验。

第三，游客感知质量会通过经验质量和期望质量作用于感知价值。一方面可通过降低感知成本，另一方面可通过提升功能价值、品牌价值、情感价值等手段，最终导致游客感知价值和满意度的有效提升。旅游企业要重视感知质量和感知价值提升以及游客的满意度评价工作，通过满足游客期望丰富游客体验来提升游客满意度。

第四，目的地管理者要在提高游客满意度的基础上重视忠诚度因素，做好核心产品和延伸产品的合理结合，进行有形设施和无形服务之间的有效融合，创造满意并惊喜的服务价值，不断培育忠诚客户，才能够提高重游率、推荐率、溢价购买率及旅游依恋度。这是保障目的地品牌形象不断提升的必要途径。

本章以贺兰山东麓葡萄酒旅游目的地为例，旨在通过案例中呈现出的个性问题和特性问题提炼出共性。通过扎根理论定性实证方法分析得出的特色旅游目的地的品牌形象七大影响因素及其关系的相关结论，为特色旅游目的地品牌形象构建和提升提供一定的思路和路径借鉴，也为下一步定量分析和验证特色旅游目的地品牌形象影响机制奠定了基础。

第4章　基于游客视角的特色旅游目的地品牌形象影响机制实证研究

——以宁夏贺兰山东麓葡萄酒旅游目的地为例

4.1　问题提出

随着旅游业的快速发展，我国特色旅游目的地越发重视品牌形象的打造，也更加关注游客行为与目的地品牌形象之间关系和影响机制的研究。针对第3章研究结果，需进一步依托问卷调查等实证资料来进行验证，进而得到认知形象、情感形象、感知质量、感知价值、满意度、游客行为意愿、品牌形象提升影响因素之间的作用机理及影响机制。以期指导特色旅游目的地相关企业管理者合理分析游客需求，开展有针对性的营销，提升目的地品牌形象。

通过对旅游目的地品牌形象影响因素及其关系的相关文献研究发现，目前，大部分研究注重目的地品牌形象和游客重游意愿之间关系的研究；在影响因素的产生动机及影响渠道方面，分别反映出旅游动机、旅游地域等个体因素和旅游经历、旅游涉入度等一手信息源，以及互联网等二手信息源等因素与目的地品牌形象之间的关系。少有文献可见目的地品牌形象对游客推荐、依恋等行为意愿影响的研究，并缺乏游客行为意愿对目的地品牌形象提升之间的关系研究。因此，现有研究缺乏对目的地品牌形象内在构成及影响机制的深入系统研究，尤其是分别从有形因素和无形因素两方面路径来探究内在影响机制的研究匮乏。

此外，目前国内外针对目的地形象与行为意愿等影响因素之间关系实证分析的方法较为成熟。但有关特色旅游目的地品牌形象影响机制的研究较少，基于游客视角进行的实证分析研究待系统深化，尤其是以葡萄酒为例的特色旅游目的地品牌形象影响机制的研究存在空缺。

宁夏贺兰山东麓产区目前成为国内最大的酿酒葡萄基地和中国葡萄酒明星产区，也是中国最具潜力的葡萄酒旅游目的地。将贺兰山东麓作为葡萄酒旅游目的地品牌形象研究案例，具有较高的可行性和代表性。因此，本章以葡萄酒旅游目的地宁夏贺兰山东麓为例，基于游客视角，构建研究模型，分别从有形因素和无形因素两方面的路径，验证认知形象、情感形象、感知质量、感知价值、满意度、行为意愿、品牌形象提升影响因素之间的关系，梳理保健因素和激励因素两方面的作用，得出特色旅游目的地品牌形象的影响机制。

4.2 提出假设

4.2.1 认知形象与情感形象

Baloglu 和 Mccleary（1999）通过大量文献研究后提出，很多不同学科和领域的研究者都赞成形象构建包括认知评价（Perceptual Evaluation）和情感评价（Affective Evaluation），认知评价和情感评价共同构成了一个目的地的总体形象评价。因此本书以"认知—情感"模型为基础，构建旅游目的地整体形象的主要维度。李满和安国山（2008）提出目的地形象包括两种属性：一种是硬属性，即有形的、功能性的属性，如产品或服务质量、消费感受等，这主要对应于认知形象；另一种是软属性，即无形的、情感性的属性，如目的地品牌象征、声望、认同感等，这主要对应于情感形象。认知形象是情感形象的基础，情感反应源于对客体的认知。在葡萄酒旅游目的地的实践应用中发现关于认知形象层面的研究更具有意义和价值，顾客主要通过旅游核心吸引物及相关服务形成直观的感觉，并提供更具体、更易于理解的信息，以帮助管理人员进行决策。而在目的地整体形象形成过程中，更多的是需要顾客通过表层现象去深刻感受，情感形象借助认知形象的基础作用而发挥了主导功能。综上所述，提出如下假设：

H1：特色旅游目的地的认知形象对情感形象有直接的正向影响。

4.2.2 认知形象与感知质量

Rohrbaugh（1981）研究认为，服务质量是由人员质量、过程质量和结果质量三部分组成。Grönroos（1984）提出，服务质量是产生于服务期望与感知服务绩效之间的比较，顾客感知服务质量分为技术质量、功能质量以及企业形象。Parasuraman 等（1985）提出，质量是顾客对服务期望与实际感知到的服务间的服务差距。该定义强调服务质量中"感知"的过程，认为服务质量来源于整个服务过程中顾客所感受到的服务优劣程度。进而通过对一些行业的服务质量进行探索性研究，最终提出服务质量的五大属性，即有形性、可靠性、响应性、保证性和移情性，并建立了 SERVQUAL 模型的五个维度。Rust 和 Oliver（1994）认为，顾客感知服务质量除技术质量和功能质量外，还应纳入第三个要素，即有形的环境质量。本书中，游客感知质量的测度主要基于 SERVQUAL 量表，重点从葡萄酒旅游的产品、服务、安全、体验等方面进行测量。

Bigne 等（2001）认为旅游目的地总体形象的改善可以提高旅游者对目的地的感知质量。部分学者的研究也证实了品牌形象对感知质量产生积极影响，其中硬因子对感知质量的影响程度相对较大，而对顾客价值、满意、忠诚没有产生显著影响。基于上述文献，本书认为品牌形象中关于硬属性的部分（对应于认知形象部分），可以理解为对产品或服务品牌所蕴含的服务质量的感知。在旅游实践中我们也发现，目的地形象中的认知形象和游客感知质量均偏客观性和功能性认知。因此本书将目的地形象中的认知形象（硬因子）对应于感知质量来建立模型，针对葡萄酒特色旅游目的地认知形象与感知质量之间的影响关系重点进行考察。因此提出如下假设：

H2：特色旅游目的地的认知形象对游客感知质量有直接的正向影响。

4.2.3 情感形象与感知价值

顾客感知价值的思想最早可追溯到 1954 年德鲁克的思想，他指出顾客购买和消费的不是产品，而是价值。目前，众多学者对顾客感知价值进行了大量的研究，但没有一个明晰的定义，基本都认为感知价值是顾客对服务做出的主观判断。对顾客感知价值的研究，主要从企业和顾客角度。本书基于顾客的角度对顾客感知价值进行分析。Zeithaml 和 Fry（1984）从顾客心理的角度，认为顾客感知价值是顾客在市场交易中根据所得利益和付出的成本进行比较的感知，对产品进行的总体评价。Dodds 等（1991）将顾客感知价值定义为感知利得与感知利失之间的比例。Kotler（1994）是从让渡价值角度认为顾客感知价值是预期顾客评估一个供应品和认知值的所有价值与其所有成本之差。而 Mathwick 等（2002）认为感知价值是一个多维度的概念，包括感知价格、感知质量、利益和损失。

在服务营销领域，以利得与利失来衡量感知价值得到了一个较为广泛的认同；早期的大多数研究认为顾客感知价值由质量和价格两个部分组成，如

Walter Schulz（2001）的 PIMS（Profit Impact of Market Strategies）研究就提出顾客价值是由产品质量、相对价格决定。伴随着研究的不断深入，学者们不再局限于只把质量和价格看作是顾客感知价值的驱动因素。Parasuraman（1997）、Gronroos（1997）、Brady 等（2005）和 Petrick（2002）认为：时间、关系、情感、情景、服务、沟通等因素会改变顾客对价值的判断。国内学者范秀成（2000）提出品牌权益、体验、社会因素等也是顾客感知价值的驱动因素。关于旅游感知价值的研究多从功利主义"利得利失权衡"观和单纯的"利得"观两个视角展开。旅游感知价值归根结底是人们对旅游地期望或实际感知的收益，是人们选择、交易和评价旅游地产品的依据。总体可以看出，在利得利失测度中，成本属性界定相对统一在价格、时间、身心支出等方面，但收益所指的内容多元化。从功能、情感和社会价值三维度分析旅游感知收益的学者，倾向于将价格、性价比等成本测度项归入功能价值属性中，对情感价值和社会价值的测度项目比较相似，但其功能价值测项与直接测度利得的测度项都存在各成体系、互不相通的现象，主要原因是过度关注游客体验消费的具体产品属性或旅游地属性，没有借鉴游客旅游需求属性。综上，本书针对葡萄酒特色旅游目的地游客感知价值的研究，主要采用"利得利失权衡"观的总体测度，并且考虑到葡萄酒文化旅游类型的游客需求不仅要获得功能性价值，还需要获得愉悦、审美等享乐性情感价值。感知价值体现出来的是游客对企业所提供的产品或服务是否具有价值以及什么样的价值的主观认知，从而区别于产品和服务所具备的客观价值。

Ryu 等（2009）提出目的地形象与旅游者感知价值有着显著的正相关关系。李满和安国山（2008）指出，品牌形象中的软因子对顾客价值、满意、忠诚产生了显著且直接的影响。顾客对品牌形象中软属性（对应于情感形象部分）的评价可以对应感知价值概念中的感知利得的部分（如情感价值、社会价值）。但目的地形象中的情感形象和游客感知价值均偏主观，尤其针对特色文化旅游类型的游客更多的是获取旅游地核心吸引物的价值，如在葡萄酒旅游中，游客对葡萄酒的品牌和特色、葡萄园的风光、酒庄文化等，容易产生心理依恋从而树立情感形象，进一步产生情感价值，而非过分关注辅助产品与服务项目的功能价值。因此本书在过去研究的基础上，将目的地形象中的情感形象（软因子）对应于感知价值，针对特色旅游目的地情感形象与游客感知价值之间的影响关系重点进行考察。因此提出如下假设：

H3：特色旅游目的地的情感形象对游客感知价值有直接的正向影响。

4.2.4 感知质量与感知价值

对于感知质量和感知价值之间的关系，Grewal 等（1998）认为企业在对顾客提供产品时，顾客对于产品的感知质量越高，其感知价值也会跟着提高，而感知价值的提高则会提高顾客的购买意向。Heskett（1994）将质量作为感知价值概念中感知利得的一部分，认为服务利润链模型展示出企业内部服务质量、员工满意度、顾客价值、满意度、利润之间有着至关重要的联系。顾客感知质量（结果质量和过程质量）与感知价值密切相关。这有助于理解感知价值是"质量等多种利得要素—价格等多种利失要素"权衡的理解。SERVQUAL 量表中所论述的"有形性、可靠性、响应性、保证性、移情性"服务质量五维度研究成果也是建立在相似的概念定义基础上的。Gronin 等（2000）的研究表明，感知质量与顾客感知价值之间存在着明显的影响关系。Parasuraman 和 Grewal（2000）在对顾客感知价值的驱动因素进行研究时表明，顾客感知价值的主要驱动因素是产品和服务以及产品的价格。对感知质量和感知价值之间的研究，有助于进一步提高服务质量。现有文献中，对于旅游目的地游客感知价值与感知质量以及游客行为意向之间的研究尚不充分。由此，本书将结合葡萄酒特色旅游情境对两者之间的关系进一步进行验证。因此提出如下假设：

H4：特色旅游目的地的游客感知质量对游客感知价值有直接的正向影响。

4.2.5　感知质量与满意度

顾客满意度的概念由 Cardozo（1965）引入了营销领域。到 20 世纪 80 年代，关注顾客满意的企业经营理念逐渐成为西方发达国家企业的共识，并且成为衡量企业成功经营的一种绩效指标。Howard 和 Shete（1971）提出，顾客满意是消费者对所付出成本与所获得收益是否合理进行评判的心理状态。Lazare 等（1975）提出顾客满意度的定义应包括四个因素：消费者感知的产品性能或服务质量，消费者的期望，采购或使用产品/服务过程中的感知代价或牺牲，评价满意的时间。Parasuraman 等（1994）指出顾客满意是以服务质量、产品质量以及价格为自变量的函数。Spreng 等（1996）研究表明，消费者对产品或服务经验的一种情绪性反应，会受到对产品本身满意度及选择产品时所得到信息的满意度影响。Kotler 等（2001）认为，满意是指一个人通过对一个产品的可感知效果（或结果）与他的期望值相比较后，所形成的"愉快或失望的感觉状态"。综上所述，本书认为游客满意度是游客对其旅游经历的情感评估，是游客对其旅游经历的感受，是旅游经历对其需求和期望满足的程度、愉悦程度或满意程度。

感知质量、顾客满意度是企业赢得市场、保留顾客、获取利润的基础。感知质量及顾客满意度都是以顾客感知的服务水平与期望的服务水平之间的差距为依据，因此两者具有密切相关性，但对它们之间的相关关系目前还存在争议。一方面，Oliver（1980）、Bitner（1990）、Bolton 和 Drew（1991）主张，顾客满意度决定顾客感知服务质量。认为感知服务质量是对服务的一种长期总体性评价，顾客满意的累积会导致良好的顾客感知服务质量的形成。另一方面，Parasuraman（1994）、Cronin 和 Taylor（1992）、Ravald 和 Gronroos（1996）以及 Lee 等（2000）主张感知服务质量导致了顾客满意。Zhang 等（2014）进一步研究了感知质量对满意度的相对重要性作用机制，提出 Humanic 属性（员工服务）可以有效地替代少 Humanic 属性（物理环境）。国内学者王永贵（2002）指出，服务质量对顾客满意的作用还受到情感因素和顾客价值的调节作用。国内学者韦福祥（2003）认为顾客感知服务质量与满意度之间为强正相关关系，只有当顾客认为企业所提供的服务质量较高，而且超越了他们的期望时，他们才会产生满意的心理。顾客感知服务质量对顾客满意具有决定性的显著影响作用。结合葡萄酒特色旅游消费实践，由于游客一般只有在旅游目的地体验了旅游服务之后才进行满意/不满意的评价。因此提出如下假设：

H5：特色旅游目的地的游客感知质量对游客满意度有直接的正向影响。

4.2.6　感知价值与满意度

Wang 等（2004）认为对满意度的测量应结合对感知价值的测量，感知价值是介于服务质量和满意度之间的调节变量。Chen 和 Tsai（2007）的研究是基于上述分析来进行理论构建的，并最终得出目的地形象—服务质量—感知价值—满意度—未来行为意图的变量影响路径。Heskett（1994）、Mcdougall 和 Lewesque（2000）、Eid 和 Elgohary（2014）均提出了顾客感知价值与顾客满意之间存在正相关关系即顾客价值决定了顾客满意度。Parasuram（1997）、Sirdeshmukh 等（2002）、Wu 等（2014）、Jiang 和 Yang（2016）进一步提出顾客感知价值是顾客忠诚的主要驱动因素之一。国内学者韩春鲜（2015）也指出旅游地感知价值是满意度和行为意向的前因变量。根据上述分析得知，感知价值在顾客行为意愿影响机制中作用显著，因为感知质量包含结果质量，也对应于感知价值中感知利得部分，因此本书通过构建模型，在葡萄酒特色旅游情境下进一步梳理感知价值、感知质量的内涵并探究其与满意度和行为意愿之间的关系是有必要的。因此提出如下假设：

H6：特色旅游目的地的游客感知价值对游客满意度有直接的正向影响。

4.2.7　满意度与行为意愿

游客行为意愿涵盖了游客的推荐意愿、重游意愿和溢价支付意愿等方面，其测量维度包括忠诚度、品牌转移、支付行为、外部抱怨以及内部抱怨五个维度，顾客行为意愿通常与感知价值、满意度、质量显著相关。Ryu 等（2009）认为顾客对产品或服务的满意程度越高，就越认同产品或服务的质量和价值，也就会有更积极的行为意愿，从而有助于商家企业或旅游目的地进一步开拓市场。从 Celine（2014）的研究来看，行为意向被认为是整个消费行为过程中重要的组成部分，因为顾客的经历往往很大程度上伴随着行为意向。行为意向是关于顾客未来行为的意识决策，是与顾客决定离开或者留在组织中的决策息息相关的。因此，行为意向总是聚焦在顾客是否渴望与企业组织保持一段长时间的关系。为了更好地理解行为意向这个概念，很多学者用口碑、重复购买意向、忠诚、顾客抱怨行为、价格敏感性来测量行为意向。本书中的行为意愿就是从葡萄酒旅游目的地游客的推荐意愿、重游意愿和溢价支付意愿这三个方面来进行测量的。

满意度对购后行为具有积极的影响，Wöber 和 Gretzel（2000）把这些关系延伸到旅游业。Bigne（2001）审视了质量与满意度及这些变量与旅游者的行为变量之间的关系，指出满意度决定消费者推荐该目的地的意愿。胡抚生（2009）运用结构方程模型研究了旅游形象各因子对游客满意度、回游度及推荐度的直接和间接影响，结果显示，不是所有的旅游形象因子都与游客满意度和推荐度之间存在显著的相关关系，而满意度与回游度、推荐度之间则存在显著的正相关关系。旅游者对某一旅游目的地形象的满意度越高，选择该旅游产品的概率就越高，并且将这种认识的高价值传播给周围人群。由此提出如下假设：

H7：特色旅游目的地的游客满意度对游客行为意愿有直接的正向影响。

4.2.8 情感形象、认知形象与游客行为意愿

通过对旅游目的地形象在旅游决策中作用的研究发现：在旅游者游览目的地之前所获取的信息可能经常由此目的地的情感形象所影响，可能旅游形象比实际的旅游信息更能驱动旅游者目的地选择的动机，并促进他们的旅游决策行为。旅游者对旅游产品的决策相对一般产品来说更需要对产品进行主观判断，而不是对其客观衡量，因为在旅游者购买前一般不能试用旅游产品。潜在旅游者大多对未曾去过的旅游目的地不了解，潜在旅游者很难获取关于衡量这些目的地重要属性的信息。Bigne 等（2005）、Castro 等（2007）、Chen 和 Tsai（2007）研究发现，旅游目的地形象与游客的满意度和推荐意愿存在显著的正向影响。Zhang 等（2014）、Lim 和 Weaver（2014）探讨了旅游目的地形象、感知质量、旅游者满意度与游后行为的关系，并得出结论，即旅游目的地形象对旅游者的评价变量（感知质量及满意度）与行为变量（重游或推荐意愿）都有着积极影响。范钧、邱宏亮和吴雪飞（2014）指出景观、设施、服务、安全等意象均直接影响情感意象，并且通过情感意象来直接或间接影响地方认同，情感意象直接影响地方依赖，间接影响地方认同与旅游者环境责任行为。郑鹏（2012）提出旅游地整体形象中心理属性对旅游者重游意愿的影响程度大，功能属性对旅游者推荐意愿的影响显著；旅游地整体形象对重游意愿比对推荐意愿的影响程度高。而结合前文所述，旅游目的地整体形象包含情感形象和认知形象两个维度，整体形象中的心理属性可对应于情感形象，功能属性可对应于认知形象。张宏梅和陆林（2010）研究认为游客涉入行为对目的地形象有显著影响。马向阳等（2015）研究证明目的地形象在游客涉入度、文化认同和重游倾向间起到完全中介作用。游客涉入度与文化认同有正相关关系，两者均对目的地形象产生积极作用，目的地形象正向引导游客重游倾向。曹晶晶等（2018）研究归纳了学术界有关感知距离与目的地形象、旅游决策与空

间行为等方面的相关影响研究。提出感知距离作为游客对居住地到目的地相对位置的一种心理表征，与游客行为之间有直接的影响作用，感知距离增加还会导致认知形象和情感形象美誉度增加。因此提出如下假设：

H8：特色旅游目的地认知形象对游客行为意愿有直接的正向影响。

H9：特色旅游目的地情感形象对游客行为意愿有直接的正向影响。

4.2.9　游客行为意愿与品牌形象提升

张宏梅和陆林（2010）研究发现游客涉入行为对目的地形象有显著影响。马向阳等（2015）研究证明目的地形象在游客涉入度、文化认同和重游倾向间起到完全中介作用。游客涉入度与文化认同有正相关关系，两者均对目的地形象产生积极作用，目的地形象也正向引导游客重游倾向。曹晶晶等（2018）学者研究归纳了学术界有关感知距离与目的地形象、旅游决策与空间行为等方面的相关影响研究。提出感知距离作为游客对居住地到目的地相对位置的一种心理表征，与游客行为之间有直接的影响作用，同时感知距离增加还会导致认知形象和情感形象美誉度增加。因此提出如下假设：

H10：游客行为意愿对特色旅游目的地形象提升有直接的正向影响。

4.3　结构方程模型构建

结构方程模型（Structural Equation Model，SEM）作为一种建立、估计和检验因果关系模型的多元统计技术，由于其整合了传统的因子分析、路径分析和多重线性回归分析等方法，成为社会科学研究中重要方法之一。模型可分为结构模型（Structural Model）和测量模型（Measurement Model）两部分。结构模型反映结构变量（Latent Variable，潜变量）之间的结构关系，测量模型描述结构变量与观测变量（Manifest Variable，显变量）之间的关系。国外的大量研究案例以及中国近年来运用 SEM 方法研究城市旅游形象影响因素、不同类型旅游地竞争力、景区顾客满意度指数（TACSI）和旅游地顾客忠诚度研究等，表明 SEM 对于无法测量的变量、多因多果复杂关系研究具有独特优势。因此，适应旅游目的地形象对游客行为意愿影响机制的多样性及其复杂性研究。SEM 基本思路是：首先根据先前理论和已有知识，经过推论和假设形成关于一组变量之间的相互关系模型，然后经过测量，获得一组观测变量数据和基于此数据而形成的协方差矩阵（或相关矩阵），再由样本数据对所设定的模型进行参数估计，找出模型成立时变量间的协方差矩阵（或相关矩阵）。SEM 就是要对拟合性进行检验，如假设模型能拟合样本数据，说明模型成立；否则需要修正，若修正之后仍然不符合拟合指标的要求，即否定假设模型。

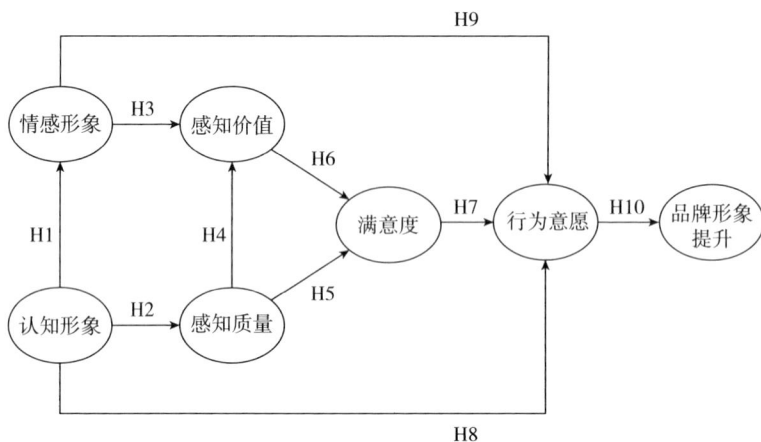

图 4 - 1　影响机制结构方程模型

根据前文的分析结果，由情感形象、认知形象、感知价值、感知质量、满意度、行为意愿、品牌形象提升 7 大变量拟构理论模型（见图 4 – 1），通过路径图表示，描绘各变量在模型中的地位和变量之间的关系假设。

4.4　实证分析

4.4.1　问卷设计与数据收集

4.4.1.1　度量（量表及问卷设计）

本书通过文献梳理，结合相关领域的专家及游客访谈，并针对研究对象的特点，拟定了本书的测量变量及其项目；研究模型中的 7 个变量包括了特色旅游目的地的认知形象、情感形象、感知价值、感知质量以及满意度、行为意愿和品牌形象提升。

认知形象和情感形象的测量参考依据主要来源于 Baloglu 等（1998）关于"认知—情感"的模型和相关文献（Chen & Tsai D. C.，2007；Kim & Morrsion，2005；Martin & Bosque，2008；Zhang & Cai，2011；江金波和郝瑞娜，2015）。

感知价值和感知质量的测量参考依据主要来源于 Woodruff（1997）、Eid 和 Elgohary（2014）、Wu 等（2014）、Jiang 和 Yang（2016）、谢彦君等（2014）、韩春鲜（2015）、Parasuraman 等（1994）的 SERVQUAL 模型及 Cronin 和 Taylor（1992）的 SERVPERF 模型，Hartono 等（2015）、Zhang 等（2014）相关理论模型和文献。

满意度的测量参考依据主要来源于 Bigne 等（2001）、Andreu 等（2005）、Castro 等（2007）、Chen 和 Tsai（2007）、Eid 和 Elgohary（2014）、Wu 等

（2014）、江金波和赫瑞娜（2015）相关理论模型和文献。

行为意愿的测量参考依据主要来源于 Chen 和 Tsai（2007）、胡抚生（2009）、Zhang 等（2014）、Lim 等（2014）、郑鹏（2012）的相关文献。

品牌形象提升的测量参考依据主要来源于 Castro 等（2007）、张宏梅和陆林（2010）、Bianchi 和 Pike（2011）、马向阳等（2015）、曹晶晶等（2018）相关理论模型和文献。

以上量表均具有良好的信度和效度。具体参见附录 4 中变量名、测量题项和来源。问卷采用 Likert 7 级量表形式，范围从 1（非常不符合）至 7（非常符合）。

4.4.1.2 数据收集

本书以宁夏贺兰山东麓为例，数据收集工作主要是通过宁夏各旅游酒庄（张裕摩塞尔十五世酒庄、志辉源石酒庄、巴格斯酒庄等）以及涉及了葡萄酒旅游业务的旅行社（宁夏新文化国际旅行社、宁夏中国国际旅行社、宁夏中国国际旅行社等）通过微信和纸质问卷两种方式面向游客发放的，主要包括三步：第一步，问卷由专业翻译人员将英语翻译成中文，然后再从中文翻译至英语，以确保问卷结构的完整性。第二步，在问卷初步设计之后，进行了预调研，以确保问卷的有效性和可靠性。预调研是在宁夏新文化国际旅行社，面向游客发放了 100 份问卷，共收回 93 份问卷。根据收集上来的预调研数据和被调查者的建议，对问卷比较难理解的地方和与实际有出入的地方做出调整。然后通过 SPSS 18.0 软件，对数据进行初步的信度和效度分析，证实问卷有较好的信度和效度，是较好的量表，可以正式发放。第三步，将正式问卷通过宁夏三家 3A 级以上旅游酒庄和三家五星级旅行社向游客发放。问卷收集过程大约持续了一个月，共发放 450 份问卷（其中涉及微信群 6 个，面对面礼品发放60 份），收回问卷 437 份，问卷回收率为 97%；其中有效问卷 426 份，问卷有效率 97%。具体数据收集情况如表 4 - 1 所示。

表 4 - 1 问卷统计

被调查者	种类	个数（位）（比例%）
性别	男	183（48.7）
	女	193（51.3）
年龄	18 岁以下	5（1.3）
	18~28 岁	158（42.0）
	28~48 岁	184（48.9）
	48~60 岁	27（7.2）
	60 岁以上	2
职业	公务员或事业单位员工	79（21.0）
	企业人士	150（39.9）
	学生	66（17.6）
	自由职业	47（12.5）
	其他	34（9.0）
学历	专科	101（26.9）
	本科	200（53.2）
	硕士	33（8.8）
	博士	7（1.9）
	其他	35（9.3）
年收入	2 万元以下	57（15.2）
	2 万~5 万元	125（33.2）
	5 万~15 万元	165（43.9）
	15 万~40 万元	23（6.1）
	40 万元以上	6（1.6）
区域	宁夏回族自治区以内	234（62.2）
	宁夏回族自治区以外（国内）	134（35.6）
	海外	8（2.1）

4.4.2 数据分析

4.4.2.1 测量模型评估

本书使用 SmartPLS2.0 软件，基于偏最小二乘法的方差分析方法，对研究模型进行了检验。在进行结构模型评估前，先进行测量模型的评估。测量模型的可接受性是由每个变量的可靠性、变量之间的内部一致性以及模型的效度来评估的。表4-2显示了变量的组合信度（Composite Reliability）、因子载荷以及变量之间的相关系数。从表4-2中可以看出，所有变量的Cronbach's α系数在0.75以上，这表示量表具有很高的可靠性；组合信度都在0.85以上，这显示出每个变量都有充分的内部一致性，并且所有变量的因子载荷系数都在0.75以上，表明观测变量具有很强的聚敛效度，说明了观测变量与所属的结构变量之间具有很高的相关性（即观测变量能够很好地解释结构变量）。表4-3显示了平均方差提取率（AVE）和它的平方根，结果显示模型具有足够的结构效度。

表4-2 因子载荷及信效度检验

项目	变量	因子载荷	Cronbach's α	CR
行为意愿	BI1	0.931	0.948	0.962
	BI2	0.952		
	BI3	0.932		
	BI4	0.902		
认知形象	CI1	0.851	0.884	0.920
	CI2	0.841		
	CI3	0.901		
	CI4	0.851		
品牌形象提升	IP1	0.880	0.881	0.927
	IP2	0.879		
	IP3	0.938		
情感形象	AI1	0.894	0.946	0.966
	AI2	0.922		
	AI3	0.937		
	AI4	0.883		
	AI5	0.881		

续表

项目	变量	因子载荷	Cronbach's α	CR
感知质量	PQ1	0.807	0.948	0.959
	PQ2	0.914		
	PQ3	0.905		
	PQ4	0.931		
	PQ5	0.888		
	PQ6	0.898		
感知价值	PV1	0.916	0.946	0.961
	PV2	0.943		
	PV3	0.907		
	PV4	0.945		
满意度	SA1	0.956	0.944	0.957
	SA2	0.943		
	SA3	0.952		

注：BI 表示行为意愿；CI 表示认知形象；IP 表示品牌形象提升；AI 表示情感形象；PQ 表示感知质量；PV 表示感知价值；SA 表示满意度。

表 4 – 3　AVE 及 AVE 平方根

项目	AVE	品牌形象提升	情感形象	感知价值	感知质量	满意度	行为意愿	认知形象
品牌形象提升	0.809	0.899	—	—	—	—	—	
情感形象	0.817	0.871	0.914	—	—	—	—	
感知价值	0.861	0.840	0.912	0.928	—	—	—	
感知质量	0.795	0.834	0.861	0.846	0.893	—	—	
满意度	0.903	0.845	0.878	0.866	0.892	0.950	—	
行为意愿	0.864	0.802	0.848	0.869	0.843	0.901	0.930	
认知形象	0.742	0.861	0.852	0.810	0.806	0.840	0.804	0.861

综上所述，本次研究问卷的测量项目设计合理，问卷有良好的信度和效度，测量模型评估结果表示可接受。

4.4.2.2 结构模型分析

结构变量之间的路径系数可以反映各结构变量间的直接效应，路径系数越大，指向变量对被指向变量的直接效应也就越大。从认知形象、情感形象、感知价值、感知质量、满意度、行为意愿六个方面进行数据分析并验证影响机制的假设。图 4-2 给出了 SmartPLS 计算结果，包括路径系数、显著性水平（t 值）以及 R^2。

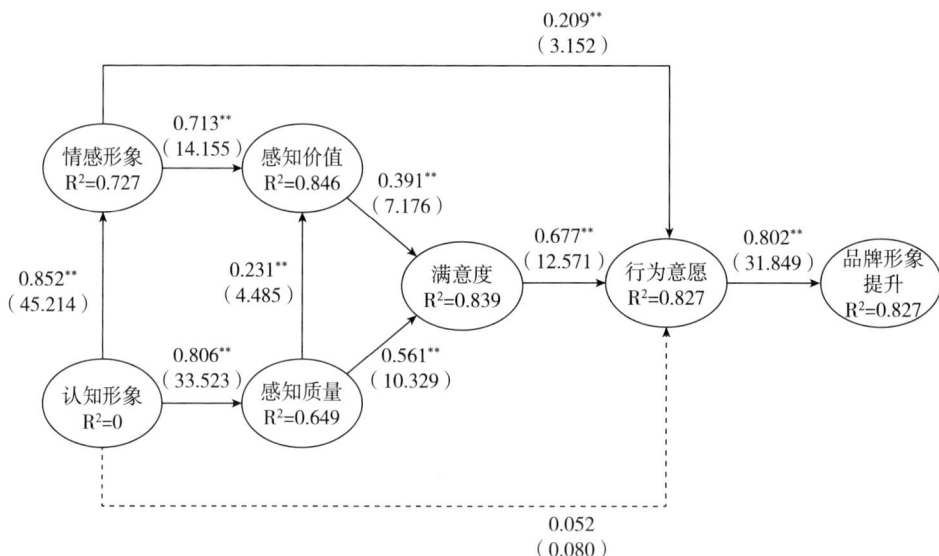

图 4-2 模型拟合结果

注：** 表示 P<0.01，* 表示 P<0.05。

实证研究结果显示（见表 4-4），模型中的 10 条假设（路径）中 9 条得到了验证。从认知形象到情感形象的假设（H1）得到了验证，其路径系数是 0.852（T=45.214），达到了 0.01 的显著性水平，解释方差为 72.7%，也就是说，认知形象对情感形象有显著的积极影响；从认知形象到感知质量的假设

表 4 - 4   模型假设检验分析结果

假设	路径	路径系数	T 值	显著性	验证结果
H1	认知形象→情感形象	0.852	45.214	P<0.01	支持
H2	认知形象→感知质量	0.806	33.523	P<0.01	支持
H3	情感形象→感知价值	0.713	14.155	P<0.01	支持
H4	感知质量→感知价值	0.231	4.485	P<0.01	支持
H5	感知质量→满意度	0.561	10.329	P<0.01	支持
H6	感知价值→满意度	0.391	7.176	P<0.01	支持
H7	满意度→行为意愿	0.677	12.571	P<0.01	支持
H8	认知形象→行为意愿	0.052	0.080		不支持
H9	情感形象→行为意愿	0.209	3.152	P<0.01	支持
H10	行为意愿→品牌形象提升	0.802	31.849	P<0.01	支持

（H2）得到了验证，其路径系数是 0.806（T = 33.523），达到了 0.01 的显著性水平，解释方差为 64.9%，也就是说，认知形象对感知质量有显著的积极影响；从情感形象到感知价值（H3）和感知质量到感知价值（H4）的假设得到了验证，其路径系数分别是 0.713（T = 14.155）和 0.231（T = 4.485），都达到 0.01 显著性水平，两者对感知价值的解释方差为 84.6%，所以，情感形象和感知质量均对感知价值有显著的积极影响；从感知质量到满意度（H5）和感知价值到满意度（H6）的假设也得到了验证，其路径系数分别是 0.561（T = 10.329）和 0.391（T = 7.176），都达到了 0.01 显著性水平，两者对满意度的解释方差为 83.9%，因此，感知质量和感知价值对满意度都有显著的积极影响；从满意度到行为意愿（H7）和情感形象到行为意愿（H9）的假设也得到了验证，其路径系数分别是 0.677（T = 12.571）和 0.209（T = 3.152），均达到了 0.01 的显著性水平，而认知形象到行为意愿（H8）的假设不成立，其路径系数为 0.052（T = 0.080），因 T 值小于 1.96 所以不支持，但满意度、情感形象和认知形象三者对行为意愿的总体解释方差为 82.7%，以上分析结果表明，满意度对行为意愿的直接影响作用非常显著，认知形象对行为意愿的

直接影响不显著，而通过情感形象对行为意愿的间接影响作用显著；行为意愿对品牌形象提升（H10）的假设也得到了验证，其路径系数为0.802（T = 31.849），达到了0.01显著性水平，解释方差为82.7%，因此，行为意愿对品牌形象提升的直接影响作用显著。总体来看，以上这些数据都显示结构模型指标很好，在下一节中，将对这些发现进行详细讨论。

4.5 研究结果与讨论

研究结果表明，特色旅游目的地情感形象、认知形象和感知质量、感知价值对游客行为意愿以及品牌形象提升的影响作用是不同的。

（1）H1、H2、H3的路径结果显示：对于葡萄酒特色旅游类游客，认知形象对情感形象（H1）的影响作用显著，而认知形象对感知质量（H2）的影响作用高于情感形象对感知价值（H3）的影响作用。这表明葡萄酒特色旅游游客对目的地的功能性客观认知产生的作用要高于主观性认知，尤其是在葡萄酒旅游目的地建设初期，认知形象好比基础保健因素。这也启示在葡萄酒旅游产业发展初期，加大旅游基础设施和配套服务设施的建设投入，构建葡萄酒旅游目的地系统良好完善的认知形象尤为重要，这是进一步发展葡萄酒旅游的基石。

（2）H4、H5和H6的路径结果显示：感知质量对满意度（H5）的影响显著高于感知价值对满意度（H6）的影响，感知价值可作为感知质量对满意度作用的中间变量（H4），感知质量作为感知价值、满意度以及行为意愿的初始变量，其高低直接影响感知价值和满意度，进而决定顾客的重游、推荐等行为意愿。感知质量通过感知价值对满意度的影响低于感知质量直接对满意度的影响效应。这表明在葡萄酒特色旅游目的地建设初期，感知质量好比基础保健因素。旅游企业应该重视感知服务质量提升工作,应清晰地理解感知质量及其内涵并多途径、全方位地强化服务质量,有效地监控日常服务,持续可靠地提供高质量的服务从而提高顾客满意度。同时服务企业也更应注重顾客感知价值,通过提高顾客感知收益,降低感知成本,增强顾客感知价值从而提升顾客满意度,使顾客产生积极的行为意图。

(3) H7、H8、H9、H10 的路径结果显示:满意度对行为意愿(H7)的直接影响作用显著。这就提示我们,满意度作为葡萄酒特色旅游目的地形象对行为意愿作用的中间变量意义重大,在当前"一切资源都是旅游资源,人人都是旅游环境"的全域旅游大发展背景下,葡萄酒旅游管理部门和企业要重视目的地满意度的测评工作;具体从情感形象和认知形象变量来看,情感形象对行为意愿(H9)的直接影响作用显著,认知形象对行为意愿(H8)的直接影响不显著,而是通过情感形象对行为意愿间接影响的。这表明游客对葡萄酒旅游产品的最终决策相对一般产品来说更容易受到情感、情绪和临时需求的影响,而不完全是对其客观的衡量。情感形象的构建是葡萄酒特色旅游目的地品牌形象提升中潜在的激励因素,旅游酒庄等企业及相关政府部门要想提高游客重游、推荐等行为意愿,需要重视游客的情感和心理因素,更应关注能否给顾客带来理想的服务结果,创造良好的服务软环境,为游客带来愉悦的享受和体验,保证葡萄酒旅游市场的可持续发展。行为意愿对品牌形象提升(H10)的直接影响作用显著,这表明积极的游客行为(推荐、重游、溢价等)在经历了从个体到群体、从单次到多次、从新客户到老客户的循环累积作用之后,必然有效促进目的地品牌形象的提升。

(4) 以上影响机制中揭示出以下作用关系并为特色旅游目的地带来共性管理启示:

作为初级发展阶段的特色旅游目的地,认知形象和感知质量作为保健因素对目的地品牌形象发挥着基础性作用,情感形象和感知价值作为激励因素对目的地品牌形象发挥着激励效应。满意度受感知质量和感知价值的共同作用，并对游客行为意愿的直接作用显著，行为意愿对品牌形象提升的直接作用显著。

管理启示。良好的目的地品牌形象既可以激发游客情感直接产生行为意愿，又可以提升目的地品牌形象。这提示相关管理者要在重视游客满意度评价工作的基础上，更重视游客行为管理，基于对游客需求和游客行为的研究与分析才能开发适合的旅游产品，开展有针对性的营销。通过树立积极的适合的目的地认知形象和情感形象，引导游客消费和体验。通过认知形象、感知质量等有形的保健因素与情感形象、感知价值等无形的激励因素的有效结合，增强旅游体验和游客满意度，从而提升目的地的品牌吸引力。

本章以贺兰山东麓葡萄酒旅游目的地的游客为视角，以旅游行为的本源——满意度作为着眼点，以影响行为意愿的目的地形象为切入点，以认知形象（有形因素）、情感形象（无形因素）为目的地整体品牌形象的两个维度，分别以感知质量和感知价值为研究路径，构建出特色旅游目的地品牌形象影响机制模型。结合贺兰山东麓的实证结果，基于游客视角进一步验证了第3章所提出的特色旅游目的地影响因素之间的作用机制。分析了各直接因子和间接因子对游客行为意愿和品牌形象提升之间的影响作用和程度，梳理出有形的保健因素和无形的激励因素对特色旅游目的地品牌形象的作用机理，进而推理并总结出特色旅游目的地品牌形象的影响机制。本章研究可以从本源上了解游客旅游行为意愿的产生规律；同时，对行为意愿与品牌形象提升之间的关系予以验证，得出游客行为意愿的持续累计作用必将影响品牌形象提升。本章研究作为第6章中基于游客视角的策略建议部分的研究基础，以期增强目的地旅游开发、旅游产品设计和旅游线路安排等工作的理论依据，提出提升特色旅游目的地品牌形象的有效措施，更加有针对性地对市场进行开发与营销，整体上提高目的地市场接待能力和服务水平，以吸引游客多频次长时间地涉入目的地，最终实现特色旅游目的地的可持续发展。

第5章 基于管理视角的特色旅游目的地品牌形象综合评价研究

5.1 问题提出

近年来，随着国内外葡萄酒产业的快速发展和葡萄酒旅游市场需求的不断增加，葡萄酒旅游作为由葡萄产业、旅游产业、文化产业逐渐融合而生的一种新型特色旅游，在我国旅游业发展势头迅猛。为此，全域旅游时代背景下特色旅游目的地品牌建设已成为大势所趋，而构建相适应的评价体系是特色旅游目的地品牌建设的重要内容之一。对葡萄酒旅游目的地品牌形象的现状评价有利于明确其在行业竞争格局中的比较优势，并识别关键影响因素，寻找与其他葡萄酒旅游目的地品牌形象的差距，发现存在的不足和需要改善的地方，为运营管理者提供决策建议。

目前国内对于旅游目的地的研究主要针对旅游城市、景区或特色小镇类的旅游聚集区，关于葡萄酒旅游目的地品牌形象的评价研究匮乏。尚无对葡萄酒旅游目的地评价指标体系构建的系统研究。同时，研究旅游目的地的文献大多数都是从游客的微观视角构建结构方程模型来探究不同影响因素之间的关系，少数文献采用相对主观的 AHP 评价方法进行小范围旅游区域评价，而缺乏相对客观的综合评价方法研究。在综合评价过程中，采用客观的权重确定方法能够有效地反映原始数据，使评价结果更加合理。

另外，目前有关旅游目的地评价体系的研究大多是从相对单一的视角或单一维度，从管理者视角构建的评价体系很少考虑游客满意度等因素。通过构建覆盖目的地整体环境、核心吸引力以及游客满意度的特色旅游目的地品牌形象综合评价体系，并选取多个目的地进行综合评价和比较分析，才能更好地识别关键因素并得出特色旅游目的地品牌形象在建设过程中的优劣势，从而提出具有针对性的策略建议。

因此，本章基于管理视角，结合第 3 章扎根分析结果和文献研究，全面分析和筛选特色旅游目的地品牌形象的影响因素，构建了特色旅游目的地品牌形象的综合评价指标体系。然后，提出了基于多粒度术语的特色旅游目的地品牌形象评价方法，采用熵权法和 TOPSIS 法确定指标和专家的客观权重。最后，通过实例，对国内五个具有代表性的葡萄酒旅游目的地品牌形象进行了实证研究。

5.2　特色旅游目的地品牌形象的综合评价指标体系构建

5.2.1　指标体系构建

本书依据 41 篇参考文献（见表 5 - 1）及第 3 章扎根分析中针对管理者和专家的访谈分析结果，来构建特色旅游目的地品牌形象的综合评价指标体系。

前述扎根分析中，管理者和专家视角重视的影响因素主要有物质形象、精神形象、环境形象和特色形象等二级范畴，和有关目的地评价文献中梳理得出的目的地自身形象维度和环境形象维度中的指标相契合。另外，扎根分析中也反映出在全域旅游时代背景下，游客感知质量、感知价值及满意度等核心范畴被管理者和游客同时重视并交互渗透影响，可对应于目的地认知形象中的目的地核心产品形象维度。综合上述研究结果，得出该综合评价指标体系包含：3 个一级指标，即目的地自身形象、目的地环境形象、目的地核心产品形象；14 个二级指标，即自然景观（地文、水文、生物、气象等），人文景观（聚落、村镇、建筑、园林、遗址等），旅游设施（公共基础设施及配套服务设施、旅游交通等），信息化建设（智慧旅游网络设施、大数据、云计算、物联网等新一代技术平台），特色文化（特色饮食、节庆、住宿、民俗、宗教等社会文化及艺术、文教、语言等精神文化），政策环境（金融政策、产业政策、科研政策、技术环境、制度环境等），经济环境（供给与消费、投资、产业比重、产业融合度、开放度等），生态环境（生态文明、环境保护等），人力资源（专业人才、培训、就业、创业等），地方参与（社会互动、社区参与、文化认同、地方身份标识等），管理体系（管理规范性、完整性、专业性、游客行为管理、管理人员行为管理等），产品质量（产品技术质量即结果质量如成品状态、产品功能质量即过程质量如工艺创新、服务过程等），游客满意度（游客体验与游客期望的比较，可靠性、响应性、有形性、保证性、移情性等），产品知名度（产品曝光度、品牌美誉度、市场影响力等）。随后，按下文步骤针对管理者和行业专家发放问卷（李克特量表法），通过信效度分析对此指标体系进行修正检验，最终得到评价指标体系如表 5 - 1 所示。

表 5-1　特色旅游目的地品牌形象指标体系

指标类别		平行指标	指标解释	指标文献来源依据
特色旅游目的地品牌形象指标体系	目的地自身形象	自然景观	地文、水文、生物、气象等	Tasci 等（2007），Galloway 等（2008），Qu 等（2011），Zhang 等（2014），Herrero 等（2017），王庆生和张亚州（2017），Bruwer 和 Lesschaeve（2012），Carayannis 等（2018）
		人文景观	聚落、村镇、建筑、园林、遗址等	Tasci 等（2007），Zhang 等（2014），Marine–Roig 和 Clavé（2016），Kock 等（2016），Stylidis 等（2017），Ryglova 等（2015），Valjarevic 等（2017），Yang 等（2018）
		旅游设施	公共基础设施及配套服务设施，旅游交通等	Tasci 等（2007），Galloway 等（2008），Cheng 等（2013），Zhang 等（2014），Mendola 和 Volo（2017），Stylidis 等（2017），Ryglova 等（2015），Carayannis 等（2018），Valek 和 Williams（2018），Yang 等（2018）
		信息化建设	智慧旅游网络设施、大数据、云计算、物联网等新一代技术平台	周年兴和沙润（2001），谢礼珊等（2007），Celotto 等（2015），Ryglova 等（2015），Kim 等（2017），Yang 等（2018）
		特色文化	特色饮食、节庆、住宿、民俗、宗教等社会文化及艺术、文教、语言等精神文化	Sparks（2007），Tasci 等（2007），Galloway 等（2008），Stephens 等（2009），Marine – Roig 和 Clavé（2016），Cucculelli 和 Goffi（2016），Stylidis 等（2017），Yee 等（2018），Carayannis 等（2018），Valek 和 Williams（2018）
	目的地环境形象	政策环境	金融政策、产业政策、科研政策、技术环境、制度环境等	Gómez 等（2015），Mathew 和 Sreejesh（2017），Zhang 等（2018），沈鹏熠（2012）
		经济环境	供给与消费、投资、产业比重、产业融合度、开放度等	Weaver 等（2007），Stephens（2009），Mathew 和 Sreejesh（2017），Mody 等（2017），沈鹏熠（2012）

续表

指标类别	平行指标	指标解释	指标文献来源依据
特色旅游目的地品牌形象指标体系　目的地环境形象	生态环境	生态文明、环境保护等	Cheng 等（2013），Marine – Roig 和 Clavé（2016），Herrero 等（2017），Mathew 和 Sreejesh（2017），王庆生和张亚洲（2017）
	人力资源	专业人才、培训、就业、创业等	谢礼珊等（2007），Weaver 等（2007），Valjarevic 等（2017），王庆生和张亚洲（2017）
	地方参与	社会互动、社区参与、文化认同、地方身份标识等	Deng 和 Seliy（2012），Lim 和 Weaver（2014），Elliot 和 Papadopoulos（2016），Mendola 和 Volo（2017），Stylidis 等（2017），Kladou 等（2017），Truong 等（2018），沈鹏熠等（2012）
	管理体系	管理规范性、完整性、专业性、游客行为管理、管理人员行为管理等	谢礼珊等（2007），Deng 和 Seliy（2012），Cheng 等（2013），Mathew 和 Sreejesh（2017），Sato 和 Kohsaka（2017），王庆生和张亚洲（2017）
目的地核心产品形象	产品质量	产品技术质量即结果质量如成品状态、产品功能质量即过程质量如工艺创新、服务过程等	谢礼珊等（2007），Sparks（2007），Galloway 等（2008），Qu 等（2011），Gómez 等（2015），Elliot 和 Papadopoulos（2016），Mendola 和 Volo（2017），Ryglova（2015），Valjarevic 等（2017）
	游客满意度	游客体验与游客期望的比较、可靠性、响应性、保证性、移情性等	谢礼珊等（2007），Sparks（2007），Weaver 等（2007），Galloway 等（2008），Stephens（2009），Qu 等（2011），Marine – Roig 和 Clavé（2016），Mendola 和 Volo（2017），Ryglove 等（2015），Valjarevic 等（2017），Valek 和 Williams（2018）
	产品知名度	产品曝光度、品牌美誉度、市场影响力等	Tasci 等（2007），Stephens（2009），Qu 等（2011），Gómez 等（2015），Yee 等（2018）

5.2.2 信度和效度分析

针对以上指标体系中的 14 项平行指标进行李克特量表 7 级重要性评价打分（见附录 5）。采用预调研、调查问卷修正后预调研以及正式问卷三轮专家打分。首先，进行第一次预调研，在宁夏旅游专家库和葡萄酒局专家库成员中随机抽取 20 位专家发放前测问卷，回收有效问卷 12 份。其次，基于首次预调研结果修正问卷，再对前测专家进行发放。测试结果表明修正后预调研结果良好。最后，进行正式问卷调查，在宁夏旅游协会及贺兰山东麓葡萄与葡萄酒国际联合会近千位成员中，采用系统抽样的方法筛选与葡萄酒旅游有关的 203 位管理人员发放问卷。其中，贺兰山东麓葡萄酒管理委员会管理者 20 位、葡萄酒庄庄主及中高层管理人员 60 位、旅游局及地接旅行社管理人员 123 位。为保证数据的可靠性和完整性，由培训过的调研人员一对一访谈被调查者，由老师或研究生对问卷内容进行无诱导性的解释和发问，帮助被调查者作答问卷，一般一份问卷花费时间 10 分钟到 20 分钟，作答完后收回。共计发放 203 份问卷，收回问卷 193 份，问卷回收率 95.07%，剔除无效问卷（综合得分 50% 以下的问卷以及答案重复率高的问卷）后，得到实际有效问卷 179 份，问卷有效率 92.75%。本书利用 SPSS 软件进行数据分析，Cronbach 信度分析 α 系数值为 0.894，大于 0.80，说明问卷的可靠性很好。检验结果表明，Bartlett 球形检验卡方值为 1128.666，KMO 值为 0.888，显著性水平为 0。问卷的因子载荷和信度检验结果见表 5-2。综上所述，问卷具有良好的信效度，适合进行因子分析。

表 5-2 因子载荷及信度检验结果

项目	变量	因子载荷	Cronbach's α
目的地自身形象	C1	0.694	0.787
	C2	0.804	

项目	变量	因子载荷	Cronbach's α
目的地自身形象	C3	0.776	0.787
	C4	0.751	
	C5	0.741	
目的地环境形象	C6	0.832	0.877
	C7	0.845	
	C8	0.648	
	C9	0.762	
	C10	0.713	
	C11	0.683	
核心产品形象	C12	0.661	0.784
	C13	0.830	
	C14	0.784	

注：C1 表示自然景观；C2 表示人文景观；C3 表示旅游设施；C4 表示信息化建设；C5 表示特色文化；C6 表示政治环境；C7 表示经济环境；C8 表示生态环境；C9 表示人力资源；C10 表示地方参与；C11 表示管理体系；C12 表示产品质量；C13 表示游客满意度；C14 表示产品知名度。

5.3　特色旅游目的地品牌形象评价方法

在完成特色旅游目的地品牌形象综合评价指标体系构建后，为了更有效地帮助相关机构更好地配置资源，需要构建相应的特色旅游目的地品牌形象评价方法。特色旅游目的地品牌形象评价方法主要分为决策专家权重的确定、评价指标权重的确定和特色旅游目的地品牌形象评价方法。下面阐述了所提评价方法的理论基础，包括语言评价标度、三角模糊数、多粒度语言与三角模糊数之间的转换，在此基础上，本节给出专家权重的确定方法、指标权重确定方法和特色旅游目的地品牌形象评价方法。

5.3.1 评价方法

5.3.1.1 熵权法

熵的概念由德国物理学家克劳修斯首次提出，被用来表示能量在空间中的分布均匀程度，其中熵值越大，表示能量分布得越均匀。随后，Shannon（1948）将熵的概念引入信息论中，提出信息熵的概念。信息熵被用来解决信息的量化度量问题，表示信息中排除了冗余后的平均信息量。

根据信息熵的概念，如果信息的信息熵越小，表明信息值的变异程度越大，信息所提供的信息量越大，该信息就越重要。因此，在多指标综合评价过程中，可通过熵权法确定各指标的权重大小。熵权法的基本思想是通过对各指标的熵值进行计算，根据各指标熵值的大小，确定指标的权重，使评价结果更加合理。由于熵权法在评价过程中具有较为客观等优点，使得其被大量应用在各个评价系统指标的权重计算中。假定 α_{ij} 代表第 j 个评价对象在第 i 个指标的原始数据，熵权法确定权重的计算步骤如下所示。

步骤 1　指标规范化，计算 α_{ij} 占第 j 项指标的比重得到规范化指标矩阵 $F_k = (f_{ij})_{m \times n}$，其计算公式如下：

$$f_{ij} = \frac{\alpha_{ij}}{\sum\limits_{j=1}^{n} \alpha_{ij}} \qquad (5-1)$$

步骤 2　计算规范化矩阵下某项指标 i 的熵值 H_i，其计算公式如下：

$$H_i = -k \sum_{j=1}^{n} f_{ij} \ln(f_{ij}) , \ i = 1, 2, \cdots, n \qquad (5-2)$$

式（5-2）中，k = 1/ln（n）。

步骤 3　计算每项指标的权重 α_j，其计算公式如下：

$$\alpha_j = (1 - H_i)/(m - \sum_{i=1}^{m} H_i) \qquad (5-3)$$

5.3.1.2　TOPSIS 法

TOPSIS 法最早由 Hwang 和 Yoon（1981）提出，被用来对现有的对象相对优劣进行排序。其基本思想是通过计算各评价对象与理想解和负理想解的距离来评价其相对优劣。其中理想解是由各属性在所有对象中的最优值组成的，负理想解是由各属性在所有对象中的最坏值组成的。若评价对象最靠近正理想解同时又最远离负理想解，则认为其最好；反之，若评价对象最远离正理想解却最靠近负理想解，则认为其最差。假定 m 为评价对象数量，n 为评价指标数量，w =（w_1，w_2，$\cdots$，w_n）为评价指标权重向量，R =（r_{ij}）$_{m \times n}$ 为规范化后的指标信息矩阵，TOPSIS 法的具体步骤如下所示。

步骤 1　构造加权规范化矩阵 V。其中：

$$V = (v_{ij})_{m \times n} = \begin{bmatrix} w_1 r_{11} & w_2 r_{12} & \cdots & w_n r_{1n} \\ w_2 r_{21} & w_2 r_{22} & \cdots & w_n r_{2n} \\ \cdots & \cdots & \cdots & \cdots \\ w_n r_{m1} & w_n r_{m2} & \cdots & w_n r_{mn} \end{bmatrix} \tag{5-4}$$

步骤 2　确定评价对象的正理想解 V^+ 和负理想解 V^-。其中：

$$\begin{cases} V_j^+ = \max_i (v_{ij}) \\ V_j^- = \min_i (v_{ij}) \end{cases}, \quad j = 1, 2, \cdots, n \tag{5-5}$$

步骤 3　计算评价对象与理想解和负理想解的距离 d_j^+ 与 d_j^-。其中：

$$\begin{cases} d_j^+ = \left[\sum_{j=1}^{n} (v_{ij} - v_j^+)^2 \right]^{1/2} \\ d_j^- = \left[\sum_{j=1}^{n} (v_{ij} - v_j^-)^2 \right]^{1/2} \end{cases} \quad j = 1, 2, \cdots, n \tag{5-6}$$

步骤 4　确定评价对象与理想解的相对接近度 C_i。其中：

$$C_i = \frac{d_i^-}{d_i^+ + d_i^-}, \quad (i = 1, 2, \cdots, m) \tag{5-7}$$

步骤 5　根据相对接近度大小，对方案排序。C_i 越大，方案越接近正理想解，方案越优。

5.3.2　概念和定义

5.3.2.1　语言评估标度

由于决策者的偏好、知识结构以及经验水平不同，决策者在评估时往往根据自己的偏好选择不同的粒度语言来进行评估。所谓不同粒度语言信息是指在群决策中决策者可能依据由不同语言短语数目（简称粒度）表示的语言评价集给出的偏好信息。

在群决策问题中，考虑到在群决策中决策者可能依据不同粒度语言评价集给出语言判断形式的偏好信息，为此，可事先假设一组不同粒度语言评估标度 $S^g_{|0,\cdots,g-1|} = \{s^g_0, \cdots, s^g_{g-1}\}$。其中，$S^g_{|0,\cdots,g-1|}$ 中的元素数目 g 称为 $S^g_{|0,\cdots,g-1|}$ 的粒度，并且 g 一般为奇数，例如，g = 5，7，9，…，语言评估标度可取：

$S^5_{0,\cdots,4} = \{s_0 = 很差，s_1 = 差，s_2 = 中，s_3 = 好，s_4 = 很好\}$

$S^7_{0,\cdots,6} = \{s_0 = 很差，s_1 = 差，s_2 = 中下，s_3 = 中，s_4 = 中上，s_5 = 好，s_6 = 很好\}$

$$S^9_{0,\cdots,8} = \left\{ \begin{array}{l} s_0 = 极差，s_1 = 很差，s_2 = 差，s_3 = 中下，s_4 = 中，s_5 = 中上 \\ s_6 = 好，s_7 = 很好，s_8 = 极好 \end{array} \right\}$$

并且满足下列条件：

（1）有序性，当 $\alpha < \beta$ 时，有 $s^g_\alpha < s^g_\beta$ 或 $s^g_\beta > s^g_\alpha$（即表示 s^g_α 劣于 s^g_β 或 s^g_β 优于 s^g_α）。

（2）存在逆运算 "neg"：neg（s^g_α）= s^g_β，$\beta = g - 1 - \alpha$。

5.3.2.2　三角模糊数

三角模糊数能够对语言术语进行处理使得定性表示的信息定量化，便于计算使用。

（1）三角模糊数的定义。

定义 1　语言评估标度 S 中的任一语言术语 s_λ 都可以表征为一个三角模糊数 $\tilde{d}$，三角模糊数的表达式为 $\tilde{d} = (d^L, d^M, d^U)$，其中 $0 < d^L \leq d^M \leq d^U$，该三角模糊数的隶属函数表示为：

$$u_{\tilde{d}}(x) = \begin{cases} \dfrac{(x - d^L)}{(d^M - d^L)}, & d^L \leq x \leq d^M \\[2mm] \dfrac{(x - d^U)}{(d^M - d^U)}, & d^M \leq x \leq d^U \\[2mm] 0, & \text{其他} \end{cases} \tag{5-8}$$

（2）三角模糊数的运算。

定义 2　设 $\tilde{d}_1 = (d_1^L, d_1^M, d_1^U)$ 和 $\tilde{d}_2 = (d_2^L, d_2^M, d_2^U)$ 表示两个任意的三角模糊数，且有 $y \in [0, 1]$，则三角模糊数的运算法则如下：

$$\tilde{d}_1 \oplus \tilde{d}_2 = (d_1^L, d_1^M, d_1^U) \oplus (d_2^L, d_2^M, d_2^U) = (d_1^L + d_2^L, d_1^M + d_2^M, d_1^U + d_2^U) \tag{5-9}$$

$$\tilde{d}_1 \otimes \tilde{d}_2 = (d_1^L, d_1^M, d_1^U) \otimes (d_2^L, d_2^M, d_2^U) = (d_1^L \times d_2^L, d_1^M \times d_2^M, d_1^U \times d_2^U) \tag{5-10}$$

$$y\tilde{d}_1 = (yd_1^L, yd_1^M, yd_1^U) \tag{5-11}$$

$$(\tilde{d}_1)^y = ((d_1^L)^y, (d_1^M)^y, (d_1^U)^y) \tag{5-12}$$

（3）三角模糊数的期望值。

定义 3　设 $\tilde{d} = (d^L, d^M, d^U)$ 表示一个任意的三角模糊数，则其期望值 Z^α 计算如下：

$$Z^\alpha = \frac{1}{2}|(1 - \alpha)d^L + d^M + \alpha d^U| \tag{5-13}$$

其中 $0 \leq \alpha \leq 1$，α 的取值取决于决策者的风险态度。当 $\alpha > 0.5$ 时，称决

策者是追求风险的；当 $\alpha = 0.5$ 时，称决策者是风险中立的；当 $\alpha < 0.5$ 时，称决策者是厌恶风险的。

（4）三角模糊数的距离。

定义4　设 $\tilde{d}_1 = (d_1^L, d_1^M, d_1^U)$ 和 $\tilde{d}_2 = (d_2^L, d_2^M, d_2^U)$ 表示两个任意的三角模糊数，则三角模糊数 $\tilde{d}_1$ 与 $\tilde{d}_2$ 之间的距离为：

$$(\tilde{d}_1, \tilde{d}_2)^y = \sqrt{[(d_1^L - d_2^L)^2 + (d_1^M - d_2^M)^2 + (d_1^U - d_2^U)^2]/3} \tag{5-14}$$

（5）三角模糊数规范化。

由于指标属性之间一般存在着不可公度量性，即不同指标属性有不同的度量标准。具体来说，各指标属性的度量单位不同、量纲不同、数量级不同，另外指标属性又有效益型、成本型、区间型等不同的类型。通常，我们需要对指标属性进行规范化，三角模糊数指标属性规范化方法如下所示。

对于效益型属性指标：

$$r_{ij}^{(k)} = (r_{ij}^{(k)L}, r_{ij}^{(k)M}, r_{ij}^{(k)U}) = \left(\frac{\tilde{r}_{ij}^{(k)L}}{r_{ij}^{(k)+U}}, \frac{\tilde{r}_{ij}^{(k)M}}{r_{ij}^{(k)+U}}, \frac{\tilde{r}_{ij}^{(k)U}}{r_{ij}^{(k)+U}}\right) \tag{5-15}$$

其中 $r_{ij}^{(k)+U} = \max_i r_{ij}^{(k)U}$。

对于成本型属性指标：

$$r_{ij}^{(k)} = (r_{ij}^{(k)L}, r_{ij}^{(k)M}, r_{ij}^{(k)U}) = \left(\frac{\tilde{r}_{ij}^{(k)-L}}{r_{ij}^{(k)U}}, \frac{\tilde{r}_{ij}^{(k)-L}}{r_{ij}^{(k)M}}, \frac{\tilde{r}_{ij}^{(k)-L}}{r_{ij}^{(k)L}}\right) \tag{5-16}$$

其中 $r_{ij}^{(k)-L} = \min_i r_{ij}^{(k)L}$。

（6）语言变量与三角模糊数的转化。

设自然语言的三角模糊数表示为 $\tilde{s}_i = (a_i, b_i, c_i)$，则有：

$$\begin{cases} a_0 = 0 \\[2mm] a_i = \dfrac{i-1}{g-1}(1 \leqslant i \leqslant g-1) \\[3mm] b_i = \dfrac{i}{g-1}(0 \leqslant i \leqslant g-1) \\[3mm] c_i = \dfrac{i+1}{g-1}(0 \leqslant i \leqslant g-1) \\[3mm] c_{g-1} = 1 \end{cases} \qquad (5-17)$$

由此，可以得到 g = 5，7，9 时的语言变量集与三角模糊数的对应关系（已规范化），如表 5 - 3 至表 5 - 5 所示。

表 5 - 3 五级语言评价集转化为三角模糊数

模糊语言等级	模糊语言表示	规范化三角模糊数
s_0	很差	(0.000, 0.000, 0.250)
s_1	差	(0.000, 0.250, 0.500)
s_2	中	(0.250, 0.500, 0.750)
s_3	好	(0.500, 0.750, 1.000)
s_4	很好	(0.750, 1.000, 1.000)

表 5 - 4 七级语言评价集转化为三角模糊数

模糊语言等级	模糊语言表示	规范化三角模糊数
s_0	很差	(0.000, 0.000, 0.167)
s_1	差	(0.000, 0.167, 0.333)
s_2	中下	(0.167, 0.333, 0.500)
s_3	中	(0.333, 0.500, 0.667)
s_4	中上	(0.500, 0.667, 0.833)
s_5	好	(0.667, 0.000.833, 1.000)
s_6	很好	(0.833, 1.000, 1.000)

表 5 – 5　九级语言评价集转化为三角模糊数

模糊语言等级	模糊语言表示	规范化三角模糊数
s_0	极差	(0.000, 0.000, 0.125)
s_1	很差	(0.000, 0.125, 0.250)
s_2	差	(0.125, 0.250, 0.375)
s_3	中下	(0.250, 0.375, 0.500)
s_4	中	(0.375, 0.500, 0.625)
s_5	中上	(0.500, 0.625, 0.750)
s_6	好	(0.625, 0.750, 0.875)
s_7	很好	(0.750, 0.875, 1.000)
s_8	极好	(0.875, 1.000, 1.000)

5.3.3　专家权重确定方法

针对多属性群决策问题中，专家权重信息未知，本书采用文献提出的基于 TOPSIS 法的专家权重确定方法。其核心思想是计算各专家提供的决策信息矩阵与正负理想信息矩阵的相对接近度，并根据相对接近度的值确定各专家的权重。

假定规范化决策矩阵为：$R^{(k)} = [r_{ij}^{(k)}]_{m \times n} = [(r_{ij}^{(k)L}, r_{ij}^{(k)M}, r_{ij}^{(k)U})]_{m \times n}$。其中，$R^{(k)}$ 表示第 k 位专家给出的决策信息矩阵规范化后的矩阵，共有 q 位专家。其具体步骤如下所示。

步骤 1　确定正理想矩阵 V^+ 和负理想矩阵 V^-，具体如下：

$$V^+ = [(r_{ij}^{+L}, r_{ij}^{+M}, r_{ij}^{+U})]_{m \times n} \qquad (5 – 18)$$

其中 $r_{ij}^{+L} = \max_{1 \leqslant k \leqslant q} \{r_{ij}^{(k)L}\}$，$r_{ij}^{+M} = \max_{1 \leqslant k \leqslant q} \{r_{ij}^{(k)M}\}$，$r_{ij}^{+U} = \max_{1 \leqslant k \leqslant q} \{r_{ij}^{(k)U}\}$。

$$V^- = [(r_{ij}^{-L}, r_{ij}^{-M}, r_{ij}^{-U})]_{m \times n} \qquad (5 – 19)$$

其中 $r_{ij}^{-L} = \min_{1 \leqslant k \leqslant q} \{r_{ij}^{(k)L}\}$，$r_{ij}^{-M} = \min_{1 \leqslant k \leqslant q} \{r_{ij}^{(k)M}\}$，$r_{ij}^{-U} = \min_{1 \leqslant k \leqslant q} \{r_{ij}^{(k)U}\}$

步骤 2　计算各专家决策信息矩阵与正负理想矩阵的距离 $S^{(k)+}$ 与 $S^{(k)-}$，

其计算公式如下：

$$S^{(k)+} = d^{+}(R^{(k)}, V^{+}) = \sum_{i=1}^{m} \sum_{j=1}^{n} [d(v_{ij}^{+}, r_{ij}^{(k)})] \qquad (5-20)$$

$$S^{(k)-} = d^{+}(R^{(k)}, V^{-}) = \sum_{i=1}^{m} \sum_{j=1}^{n} [d(v_{ij}^{-}, r_{ij}^{(k)})] \qquad (5-21)$$

步骤 3　计算各专家决策信息矩阵与正理想矩阵的相对接近度 $RC^{(k)}$，其计算公式如下：

$$RC^{(k)} = \frac{S^{(k)-}}{S^{(k)+} + S^{(k)-}} \qquad (5-22)$$

步骤 4　根据各专家决策信息矩阵与正理想矩阵的相对贴近度 $RC^{(k)}$ 计算专家权重 $\lambda^{(k)}$，其计算公式如下：

$$\lambda^{(k)} = \frac{RC^{(k)}}{\sum_{k=1}^{q} RC^{(k)}} \qquad (5-23)$$

5.3.4　属性权重确定方法

针对葡萄酒旅游目的地评价问题中属性权重信息未知的问题，本书采用熵权法确定属性权重，假定规范化决策矩阵为：$R = [r_{ij}]_{m \times n} = [(r_{ij}^{L}, r_{ij}^{M}, r_{ij}^{U})]_{m \times n}$，其中 r_{ij} 表示方案 A_i 关于属性 c_j 的三角模糊数值。其具体步骤如下所示。

步骤 1　对于指标属性 c_j，定义方案 A_i 与其他所有方案的偏差 D_{ij} 为：

$$D_{ij} = \sum_{k=1}^{m} d(r_{ij}, r_{kj})\ (i=1, 2, \cdots, m;\ j=1, 2, \cdots, n) \qquad (5-24)$$

其中，$d(r_{ij}, r_{kj})$ 为 r_{ij} 与 r_{kj} 之间的距离。

步骤 2　对于指标属性 c_j，所有方案与其他方案的偏差 D_j 为：

$$D_j = \sum_{i=1}^{m} D_{ij} = \sum_{i=1}^{m} \sum_{k=1}^{m} d(r_{ij}, r_{kj}) \qquad (5-25)$$

步骤 3　各个指标的决策信息可用其熵值 E_j 来表示：

$$E_j = -\frac{1}{\ln m}\sum_{i=1}^{m}\frac{D_{ij}}{D_j}\ln\frac{D_{ij}}{D_j}, \ (1\leqslant j\leqslant n) \tag{5-26}$$

为了保证方法的通用性，当 $\dfrac{D_{ij}}{D_j}=0$ 时，令 $\dfrac{D_{ij}}{D_j}\ln\dfrac{D_{ij}}{D_j}=0$。

步骤4 计算指标 c_j 的差异度，为：

$$G_j = 1 - E_j, \ (1\leqslant j\leqslant n) \tag{5-27}$$

步骤5 计算指标 c_j 的熵权 w_j：

$$w_j = G_j\Big/\sum_{j=1}^{n} G_j, \ (1\leqslant j\leqslant n) \tag{5-28}$$

5.3.5 基于多粒度术语的特色旅游目的地品牌形象评价模型

在葡萄酒特色旅游目的地的评价问题中，设 $A_i = \{A_1, A_2, \cdots, A_m\}$，$(i=1, \cdots, m)$ 为 m 个葡萄酒特色旅游目的地；$C_j = \{C_1, C_2, \cdots, C_n\}$，$(j=1, \cdots, n)$ 为评价指标体系中的 n 个指标；$DM_k = \{DM_1, DM_2, \cdots, DM_t\}$，$(k=1, \cdots, t)$ 为 t 个专家参与决策。假设专家 DM_k 使用语言信息集粒度为 g 的多粒度语言信息变量 $s_{ij}^{g(k)}$ 对方案 A_i 的属性 C_j 进行评价。据此可得出专家 DM_k 的决策矩阵 $S^{g(k)} = [s_{ij}^{g(k)}]_{m\times n}$。

具体计算步骤如下所示。

步骤1 将语言信息集 $S^{g(k)} = [s_{ij}^{g(k)}]_{m\times n}$ 的语言信息根据式（5-17）转换为三角模糊数得到信息集 $\tilde{R}^{(k)} = [\tilde{r}_{ij}^{(k)}]_{m\times n}$，并依据式（5-15）至式（5-16）对指标进行规范化并得到规范化信息矩阵 $R^{(k)} = [r_{ij}^{(k)}]_{m\times n}$。

步骤2 根据式（5-18）至式（5-23）计算各专家的权重 $\lambda^{(k)}$。

步骤3 通过加权平均算子对规范化信息矩阵 $R^{(k)} = [r_{ij}^{(k)}]_{m\times n}$ 进行集结，得到综合信息矩阵 $R = [r_{ij}]_{m\times n}$；其中有：

$$r_{ij} = (r_{ij}^L, r_{ij}^M, r_{ij}^U) = \Big(\sum_{k=1}^{t}\lambda^{(k)}r_{ij}^{(k)L}, \sum_{k=1}^{t}\lambda^{(k)}r_{ij}^{(k)M}, \sum_{k=1}^{t}\lambda^{(k)}r_{ij}^{(k)U}\Big) \tag{5-29}$$

步骤 4　通过熵权法，根据式（5 – 24）至式（5 – 28）计算各指标的权重。

步骤 5　通过加权平均算子计算得出各评价对象的综合信息值 r_i，其中有：

$$r_i = (r_i^L, r_i^M, r_i^U) = (\sum_{j=1}^{n} w_j r_{ij}^L, \sum_{j=1}^{n} w_j r_{ij}^M, \sum_{j=1}^{n} w_j r_{ij}^U) \tag{5 – 30}$$

步骤 6　根据式（5 – 13）计算各评价对象的期望值 Z_i。并根据期望值对各评价对象进行排序。

5.4　几种典型特色旅游目的地品牌形象的对比分析

目前，中国的葡萄酒企业（酒庄、酒厂或作坊）的数量及其与旅游业的融合发展虽比不上法国、西班牙、意大利等葡萄酒国家，但中国各个葡萄酒产区不管是从气候"风土"上还是从生态环境上都极具多样性和差异性。经过数十年的发展，中国不少葡萄酒产区以其独特的地理区位、良好的气候条件、丰富的品种资源和旅游资源等成为了优良的葡萄酒产区和具有发展潜力的葡萄酒旅游目的地。如位于胶东半岛的山东烟台、蓬莱、大泽山等产区；位于环渤海湾的河北昌黎和卢龙产区、沙城产区、天津汉沽产区；位于甘肃河西走廊的武威、张掖产区；新疆吐鲁番、和硕、石河子、焉耆产区等。其中，山东烟台、河北昌黎、贺兰山东麓、甘肃河西走廊和新疆（吐鲁番、和硕）葡萄酒均获得了我国葡萄酒地理标志保护产品认定，同时这些葡萄酒产区又拥有着较为丰富的旅游资源，是我国具有代表性的葡萄酒旅游目的地。这些产区逐步打造葡萄酒休闲旅游产业，相继开发了葡萄酒旅游产品及节庆活动，并与传统旅游景点及旅游项目进行整合规划，建设了一批国家 3A、4A 级旅游景点。如山东烟台的卡斯特酒庄（4A 级）、河北昌黎的华夏长城葡萄酒庄（4A 级）、新疆的吐鲁番葡萄沟风景区（5A 级）、甘肃的嘉峪关紫轩葡萄酒庄园（4A 级）、宁夏玉泉营酿酒工业旅游基地（3A 级）等。

结合葡萄酒旅游目的地均具有全域化的特征，本书选择了国内在葡萄酒旅游方面具有代表性和较高声誉的五个葡萄酒省级产区，即宁夏、山东、河北、新疆、甘肃，分别对应 $A_i = \{A_1, A_2, A_3, A_4, A_5\}$，对其在葡萄酒旅游目的地品牌形象建设方面的情况进行评价比较（依据上文得出的评价指标体系中的 14 项平行指标），以为宁夏贺兰山东麓葡萄酒旅游目的地找出发展中的差距和不足，探索出科学定位和发展对策。

本书主要评价数据来源于五位国内葡萄酒行业及其旅游业的权威专家学者。由于专家的偏好、知识结构以及经验水平不同，五位专家对上述五个目的地品牌形象的 14 个评价指标采用不同粒度的语言集进行评价得到语言评价信息矩阵。各专家给出的决策评价语言信息矩阵如表 5-6 至表 5-10 所示。

表 5-6　决策者 D_1 提供的九级语言信息集 $S^{9(1)}$

旅游目的地	评价指标													
	C_1	C_2	C_3	C_4	C_5	C_6	C_7	C_8	C_9	C_{10}	C_{11}	C_{12}	C_{13}	C_{14}
A_1	S_7	S_6	S_6	S_6	S_6	S_7	S_6	S_7	S_7	S_7	S_7	S_7	S_6	S_7
A_2	S_7	S_7	S_7	S_7	S_7	S_6	S_7	S_7	S_6	S_7	S_7	S_5	S_6	S_6
A_3	S_7	S_5	S_4	S_4	S_7	S_5	S_4	S_6	S_3	S_5	S_5	S_5	S_4	S_5
A_4	S_5	S_5	S_4	S_4	S_5	S_5	S_4	S_4	S_3	S_4	S_4	S_4	S_4	S_4
A_5	S_6	S_5	S_7	S_5	S_5	S_6	S_5	S_7	S_5	S_5	S_6	S_5	S_4	S_5

表 5-7　决策者 D_2 提供的七级语言信息集 $S^{7(2)}$

旅游目的地	评价指标													
	C_1	C_2	C_3	C_4	C_5	C_6	C_7	C_8	C_9	C_{10}	C_{11}	C_{12}	C_{13}	C_{14}
A_1	S_5	S_5	S_5	S_5	S_4	S_5	S_4	S_5	S_5	S_5	S_5	S_5	S_4	S_5

续表

旅游目的地	评价指标													
	C_1	C_2	C_3	C_4	C_5	C_6	C_7	C_8	C_9	C_{10}	C_{11}	C_{12}	C_{13}	C_{14}
A_2	S_4	S_5	S_5	S_5	S_5	S_4	S_5	S_5	S_5	S_4	S_5	S_3	S_5	S_5
A_3	S_2	S_2	S_2	S_2	S_2	S_2	S_3	S_4	S_3	S_3	S_3	S_4	S_3	S_4
A_4	S_2	S_1	S_1	S_1	S_1	S_1	S_2	S_4	S_2	S_2	S_2	S_2	S_2	S_2
A_5	S_3	S_3	S_4	S_4	S_3	S_4	S_4	S_3	S_4	S_4	S_3	S_3	S_3	S_4

表 5-8　决策者 D_3 提供的七级语言信息集 $S^{7(3)}$

旅游目的地	评价指标													
	C_1	C_2	C_3	C_4	C_5	C_6	C_7	C_8	C_9	C_{10}	C_{11}	C_{12}	C_{13}	C_{14}
A_1	S_5	S_5	S_5	S_5	S_5	S_6	S_5	S_5	S_5	S_6	S_6	S_6	S_6	S_6
A_2	S_5	S_5	S_6	S_5	S_5	S_5	S_5	S_6	S_6	S_6	S_5	S_6	S_6	S_6
A_3	S_6	S_6	S_5	S_4	S_6	S_3	S_3	S_5	S_5	S_5	S_5	S_5	S_5	S_6
A_4	S_3	S_5	S_4	S_4	S_3	S_3	S_4	S_4	S_4	S_5	S_5	S_5	S_5	S_5
A_5	S_4	S_4	S_4	S_4	S_4	S_3	S_4	S_5	S_4	S_5	S_4	S_4	S_5	S_5

表 5-9　决策者 D_4 提供的五级语言信息集 $S^{5(4)}$

旅游目的地	评价指标													
	C_1	C_2	C_3	C_4	C_5	C_6	C_7	C_8	C_9	C_{10}	C_{11}	C_{12}	C_{13}	C_{14}
A_1	S_3	S_3	S_2	S_3	S_3	S_2	S_3	S_3	S_4	S_4	S_4	S_4	S_3	S_4
A_2	S_2	S_3	S_2	S_3	S_3	S_2	S_3	S_3	S_3	S_4	S_3	S_3	S_3	S_3
A_3	S_2	S_2	S_2	S_2	S_3	S_2	S_3	S_2	S_2	S_2	S_2	S_3	S_2	S_3
A_4	S_2	S_2	S_2	S_2	S_3	S_2	S_3	S_2	S_2	S_2	S_2	S_2	S_2	S_2
A_5	S_2	S_2	S_2	S_2	S_3	S_2	S_3	S_2	S_2	S_2	S_2	S_2	S_2	S_2

表 5-10　决策者 D_5 提供的五级语言信息集 $S^{5(5)}$

旅游目的地	评价指标													
	C_1	C_2	C_3	C_4	C_5	C_6	C_7	C_8	C_9	C_{10}	C_{11}	C_{12}	C_{13}	C_{14}
A_1	S_4	S_3	S_2	S_3	S_4	S_2	S_2	S_3	S_3	S_3	S_2	S_4	S_2	S_2
A_2	S_3	S_3	S_4	S_3	S_3	S_3	S_3	S_2	S_2	S_2	S_3	S_4	S_3	S_3
A_3	S_2	S_1	S_2	S_2	S_2	S_2	S_3	S_2	S_2	S_2	S_2	S_2	S_1	S_1

旅游	评价指标													
目的地	C_1	C_2	C_3	C_4	C_5	C_6	C_7	C_8	C_9	C_{10}	C_{11}	C_{12}	C_{13}	C_{14}
A_4	S_1	S_1	S_1	S_1	S_2	S_2	S_1	S_2	S_1	S_1	S_1	S_1	S_1	S_1
A_5	S_2	S_2	S_2	S_2	S_2	S_1	S_2	S_1	S_2	S_2	S_2	S_2	S_2	S_2

具体计算步骤如下所示。

步骤 1　根据式（5-17）将语言信息矩阵 $S^{g(k)} = [s_{ij}^{g(k)}]_{m \times n}$ 中的语言信息转换为三角模糊数得到信息矩阵 $\widetilde{R}^{(k)} = [\tilde{r}_{ij}^{(k)}]_{m \times n}$，鉴于篇幅所限，以专家 D_1 提供的语言信息矩阵 $S^{g(1)} = [s_{ij}^{g(1)}]_{m \times n}$ 的转换结果为例，其余专家同理，结果如表 5-11 所示。根据式（5-15）至式（5-16）对指标进行规范化，得到规范化评价信息矩阵 $R^{(k)} = [r_{ij}^{(k)}]_{m \times n}$，规范化的结果如表 5-12 所示。

步骤 2　根据式（5-18）至式（5-23）计算各专家的权重 $\lambda^{(k)}$，正负理想矩阵，正负理想矩阵结果如表 5-13 和表 5-14 所示。

$$S^{(1)+} = 15.681,\ S^{(1)-} = 15.906$$

$$RC^{(1)} = S^{(1)-} / (S^{(1)+} + S^{(1)-}) = 15.906 / (15.681 + 15.906) = 0.504$$

$$S^{(2)+} = 17.233,\ S^{(2)-} = 14.087,\ RC^{(2)} = 0.450$$

$$S^{(3)+} = 2.220,\ S^{(3)-} = 28.768,\ RC^{(3)} = 0.928$$

$$S^{(4)+} = 14.630,\ S^{(4)-} = 17.339,\ RC^{(4)} = 0.542$$

$$S^{(5)+} = 22.954,\ S^{(5)-} = 8.954,\ RC^{(5)} = 0.281$$

则

$$\lambda^{(1)} = RC^{(1)} / \sum_{k=1}^{5} RC^{(k)} = 0.504 / (0.504 + 0.450 + 0.928 + 0.542 + 0.281) = 0.186$$

$$\lambda^{(2)} = 0.166;\ \lambda^{(3)} = 0.343;\ \lambda^{(4)} = 0.200;\ \lambda^{(5)} = 0.104$$

步骤 3　根据式（5-29）对各专家给出的信息集 $R^{(k)} = [r_{ij}^{(k)}]_{m \times n}$ 进行集结，得到综合信息集 $R = [r_{ij}]_{m \times n}$，结果如表 5-15 所示。

表 5 - 11　三角模糊数评价信息矩阵 $\tilde{R}$

i \ j	1	2	3	4	5
1	(0.750, 0.875, 1.000)	(0.750, 0.875, 1.000)	(0.750, 0.875, 1.000)	(0.500, 0.625, 0.750)	(0.625, 0.750, 0.875)
2	(0.625, 0.750, 0.875)	(0.750, 0.875, 1.000)	(0.500, 0.625, 0.750)	(0.500, 0.625, 0.750)	(0.500, 0.625, 0.750)
3	(0.625, 0.750, 0.875)	(0.750, 0.875, 1.000)	(0.375, 0.500, 0.625)	(0.375, 0.500, 0.625)	(0.750, 0.875, 1.000)
4	(0.625, 0.750, 0.875)	(0.750, 0.875, 1.000)	(0.375, 0.500, 0.625)	(0.375, 0.500, 0.625)	(0.625, 0.750, 0.875)
5	(0.625, 0.750, 0.875)	(0.750, 0.875, 1.000)	(0.750, 0.875, 1.000)	(0.500, 0.625, 0.750)	(0.500, 0.625, 0.750)
6	(0.750, 0.875, 1.000)	(0.625, 0.750, 0.875)	(0.500, 0.625, 0.750)	(0.500, 0.625, 0.750)	(0.625, 0.750, 0.875)
7	(0.625, 0.750, 0.875)	(0.750, 0.875, 1.000)	(0.375, 0.500, 0.625)	(0.375, 0.500, 0.625)	(0.750, 0.875, 1.000)
8	(0.625, 0.750, 0.875)	(0.750, 0.875, 1.000)	(0.625, 0.750, 0.875)	(0.375, 0.500, 0.625)	(0.625, 0.750, 0.875)
9	(0.750, 0.875, 1.000)	(0.625, 0.750, 0.875)	(0.250, 0.375, 0.500)	(0.250, 0.375, 0.500)	(0.500, 0.625, 0.750)
10	(0.750, 0.875, 1.000)	(0.750, 0.875, 1.000)	(0.500, 0.625, 0.750)	(0.375, 0.500, 0.625)	(0.500, 0.625, 0.750)
11	(0.750, 0.875, 1.000)	(0.750, 0.875, 1.000)	(0.500, 0.625, 0.750)	(0.375, 0.500, 0.625)	(0.625, 0.750, 0.875)
12	(0.750, 0.875, 1.000)	(0.500, 0.625, 0.750)	(0.500, 0.625, 0.750)	(0.375, 0.500, 0.625)	(0.500, 0.625, 0.750)
13	(0.625, 0.750, 0.875)	(0.625, 0.750, 0.875)	(0.375, 0.500, 0.625)	(0.375, 0.500, 0.625)	(0.375, 0.500, 0.625)
14	(0.750, 0.875, 1.000)	(0.625, 0.750, 0.875)	(0.500, 0.625, 0.750)	(0.375, 0.500, 0.625)	(0.500, 0.625, 0.750)

表 5-12 规范化评价信息矩阵 $\tilde{R}$

i j	1	2	3	4	5
1	(0.750, 0.875, 1.000)	(0.750, 0.875, 1.000)	(0.750, 0.875, 1.000)	(0.500, 0.625, 0.750)	(0.625, 0.750, 0.875)
2	(0.625, 0.750, 0.875)	(0.750, 0.875, 1.000)	(0.500, 0.625, 0.750)	(0.500, 0.625, 0.750)	(0.500, 0.625, 0.750)
3	(0.625, 0.750, 0.875)	(0.750, 0.875, 1.000)	(0.375, 0.500, 0.625)	(0.375, 0.500, 0.625)	(0.750, 0.875, 1.000)
4	(0.625, 0.750, 0.875)	(0.750, 0.875, 1.000)	(0.375, 0.500, 0.625)	(0.375, 0.500, 0.625)	(0.625, 0.750, 0.875)
5	(0.625, 0.750, 0.875)	(0.750, 0.875, 1.000)	(0.750, 0.875, 1.000)	(0.500, 0.625, 0.750)	(0.500, 0.625, 0.750)
6	(0.750, 0.875, 1.000)	(0.625, 0.750, 0.875)	(0.500, 0.625, 0.750)	(0.500, 0.625, 0.750)	(0.625, 0.750, 0.875)
7	(0.625, 0.750, 0.875)	(0.750, 0.875, 1.000)	(0.375, 0.500, 0.625)	(0.375, 0.500, 0.625)	(0.750, 0.875, 1.000)
8	(0.625, 0.750, 0.875)	(0.750, 0.875, 1.000)	(0.625, 0.750, 0.875)	(0.375, 0.500, 0.625)	(0.625, 0.750, 0.875)
9	(0.750, 0.875, 1.000)	(0.625, 0.750, 0.875)	(0.250, 0.375, 0.500)	(0.250, 0.375, 0.500)	(0.500, 0.625, 0.750)
10	(0.750, 0.875, 1.000)	(0.750, 0.875, 1.000)	(0.500, 0.625, 0.750)	(0.375, 0.500, 0.625)	(0.500, 0.625, 0.750)
11	(0.750, 0.875, 1.000)	(0.750, 0.875, 1.000)	(0.500, 0.625, 0.750)	(0.375, 0.500, 0.625)	(0.625, 0.750, 0.875)
12	(0.750, 0.875, 1.000)	(0.500, 0.625, 0.750)	(0.500, 0.625, 0.750)	(0.375, 0.500, 0.625)	(0.500, 0.625, 0.750)
13	(0.714, 0.857, 1.000)	(0.714, 0.857, 1.000)	(0.429, 0.571, 0.714)	(0.429, 0.571, 0.714)	(0.429, 0.571, 0.714)
14	(0.750, 0.875, 1.000)	(0.625, 0.750, 0.875)	(0.500, 0.625, 0.750)	(0.375, 0.500, 0.625)	(0.500, 0.625, 0.750)

表 5 - 13　正理想矩阵

i \ j	1	2	3	4	5
1	(0.750, 1.000, 1.000)	(0.750, 0.875, 1.000)	(0.833, 1.000, 1.000)	(0.500, 0.625, 0.750)	(0.500, 0.667, 0.833)
2	(0.667, 0.833, 1.000)	(0.750, 0.875, 1.000)	(0.833, 1.000, 1.000)	(0.667, 0.833, 1.000)	(0.500, 0.667, 0.833)
3	(0.667, 0.833, 1.000)	(0.833, 1.000, 1.000)	(0.667, 0.833, 1.000)	(0.500, 0.667, 1.000)	(0.833, 1.000, 1.000)
4	(0.667, 0.833, 1.000)	(0.833, 1.000, 1.000)	(0.500, 0.667, 0.833)	(0.500, 0.667, 0.833)	(0.667, 0.833, 1.000)
5	(0.750, 1.000, 1.000)	(0.750, 0.875, 1.000)	(0.833, 1.000, 1.000)	(0.500, 0.750, 1.000)	(0.500, 0.750, 1.000)
6	(0.833, 1.000, 1.000)	(0.667, 0.833, 1.000)	(0.500, 0.625, 0.750)	(0.500, 0.625, 0.750)	(0.500, 0.750, 1.000)
7	(0.667, 0.833, 1.000)	(0.750, 0.875, 1.000)	(0.500, 0.750, 1.000)	(0.500, 0.750, 1.000)	(0.500, 0.750, 1.000)
8	(0.667, 0.833, 1.000)	(0.833, 1.000, 1.000)	(0.667, 0.833, 1.000)	(0.500, 0.667, 0.833)	(0.667, 0.833, 1.000)
9	(0.750, 1.000, 1.000)	(0.833, 1.000, 1.000)	(0.500, 0.667, 0.833)	(0.500, 0.667, 0.833)	(0.500, 0.667, 0.833)
10	(0.833, 1.000, 1.000)	(0.833, 1.000, 1.000)	(0.667, 0.833, 1.000)	(0.500, 0.667, 0.833)	(0.667, 0.833, 1.000)
11	(0.833, 1.000, 1.000)	(0.833, 1.000, 1.000)	(0.667, 0.833, 1.000)	(0.667, 0.833, 1.000)	(0.500, 0.667, 1.000)
12	(0.833, 1.000, 1.000)	(0.667, 0.833, 1.000)	(0.667, 0.833, 1.000)	(0.500, 0.667, 0.833)	(0.500, 0.667, 0.833)
13	(0.833, 1.000, 1.000)	(0.833, 1.000, 1.000)	(0.667, 0.833, 1.000)	(0.667, 0.833, 1.000)	(0.667, 0.833, 1.000)
14	(0.833, 1.000, 1.000)	(0.833, 1.000, 1.000)	(0.833, 1.000, 1.000)	(0.667, 0.833, 1.000)	(0.667, 0.833, 1.000)

表 5 - 14　负理想矩阵

i\j	1	2	3	4	5
1	(0.750, 1.000, 1.000)	(0.750, 0.875, 1.000)	(0.833, 1.000, 1.000)	(0.500, 0.625, 0.750)	(0.500, 0.667, 0.833)
2	(0.500, 0.750, 0.875)	(0.500, 0.750, 1.000)	(0.000, 0.250, 0.500)	(0.000, 0.167, 0.333)	(0.000, 0.167, 0.333)
3	(0.250, 0.500, 0.750)	(0.333, 0.667, 1.000)	(0.167, 0.333, 0.500)	(0.000, 0.167, 0.333)	(0.000, 0.167, 0.333)
4	(0.000, 0.250, 0.500)	(0.250, 0.500, 0.750)	(0.000, 0.250, 0.500)	(0.000, 0.167, 0.333)	(0.000, 0.167, 0.333)
5	(0.500, 0.667, 0.833)	(0.500, 0.750, 1.000)	(0.167, 0.333, 0.500)	(0.000, 0.167, 0.333)	(0.000, 0.167, 0.333)
6	(0.250, 0.500, 0.750)	(0.250, 0.500, 0.750)	(0.167, 0.333, 0.500)	(0.000, 0.167, 0.333)	(0.000, 0.167, 0.333)
7	(0.250, 0.500, 0.750)	(0.500, 0.750, 1.000)	(0.250, 0.500, 0.625)	(0.000, 0.250, 0.500)	(0.000, 0.250, 0.500)
8	(0.500, 0.750, 0.875)	(0.250, 0.500, 0.750)	(0.250, 0.500, 0.750)	(0.250, 0.500, 0.625)	(0.000, 0.250, 0.500)
9	(0.000, 0.250, 0.500)	(0.500, 0.750, 0.875)	(0.250, 0.375, 0.500)	(0.000, 0.250, 0.500)	(0.000, 0.250, 0.500)
10	(0.000, 0.333, 0.667)	(0.333, 0.667, 0.833)	(0.000, 0.333, 0.667)	(0.000, 0.333, 0.500)	(0.000, 0.333, 0.500)
11	(0.333, 0.667, 1.000)	(0.333, 0.667, 1.000)	(0.000, 0.333, 0.667)	(0.000, 0.333, 0.500)	(0.000, 0.333, 0.500)
12	(0.667, 0.833, 1.000)	(0.333, 0.500, 0.667)	(0.250, 0.500, 0.750)	(0.000, 0.250, 0.500)	(0.000, 0.250, 0.500)
13	(0.250, 0.500, 0.750)	(0.500, 0.750, 1.000)	(0.000, 0.250, 0.500)	(0.000, 0.250, 0.500)	(0.000, 0.250, 0.500)
14	(0.250, 0.500, 0.750)	(0.500, 0.750, 0.875)	(0.000, 0.250, 0.500)	(0.000, 0.250, 0.500)	(0.000, 0.250, 0.500)

表 5−15　综合信息矩阵 $\tilde{R}$

i\j	1	2	3	4	5
1	(0.658, 0.841, 1.000)	(0.554, 0.738, 0.922)	(0.529, 0.714, 0.841)	(0.285, 0.470, 0.654)	(0.303, 0.511, 0.718)
2	(0.608, 0.792, 0.977)	(0.632, 0.815, 1.000)	(0.457, 0.641, 0.768)	(0.372, 0.556, 0.741)	(0.303, 0.495, 0.687)
3	(0.549, 0.750, 0.951)	(0.681, 0.882, 1.000)	(0.419, 0.620, 0.821)	(0.308, 0.510, 0.710)	(0.462, 0.671, 0.822)
4	(0.556, 0.740, 0.925)	(0.638, 0.823, 0.950)	(0.319, 0.504, 0.688)	(0.292, 0.476, 0.660)	(0.388, 0.580, 0.772)
5	(0.607, 0.791, 0.949)	(0.632, 0.815, 1.000)	(0.605, 0.790, 0.917)	(0.391, 0.576, 0.759)	(0.353, 0.546, 0.737)
6	(0.612, 0.797, 0.924)	(0.530, 0.714, 0.899)	(0.311, 0.496, 0.680)	(0.283, 0.468, 0.652)	(0.298, 0.490, 0.682)
7	(0.555, 0.739, 0.923)	(0.632, 0.815, 1.000)	(0.366, 0.550, 0.735)	(0.312, 0.497, 0.681)	(0.381, 0.589, 0.796)
8	(0.608, 0.792, 0.977)	(0.662, 0.847, 0.974)	(0.530, 0.714, 0.899)	(0.401, 0.585, 0.769)	(0.381, 0.588, 0.773)
9	(0.630, 0.814, 0.948)	(0.665, 0.850, 0.977)	(0.350, 0.534, 0.718)	(0.296, 0.480, 0.664)	(0.331, 0.539, 0.746)
10	(0.687, 0.880, 0.965)	(0.694, 0.887, 0.972)	(0.427, 0.620, 0.813)	(0.319, 0.512, 0.705)	(0.397, 0.628, 0.829)
11	(0.721, 0.914, 1.000)	(0.671, 0.864, 1.000)	(0.427, 0.620, 0.813)	(0.377, 0.569, 0.762)	(0.312, 0.544, 0.744)
12	(0.765, 0.949, 1.000)	(0.530, 0.714, 0.898)	(0.531, 0.715, 0.900)	(0.347, 0.531, 0.715)	(0.303, 0.511, 0.718)
13	(0.628, 0.816, 0.946)	(0.708, 0.895, 1.000)	(0.414, 0.601, 0.789)	(0.387, 0.574, 0.762)	(0.360, 0.568, 0.775)
14	(0.713, 0.897, 0.974)	(0.665, 0.850, 0.977)	(0.562, 0.747, 0.874)	(0.377, 0.560, 0.745)	(0.388, 0.595, 0.803)

步骤 4　根据式（5－24）至式（5－28），计算各指标的权重，鉴于篇幅所限，每个计算步骤的结果在本章中以第一项为示例，完整计算结果如表 5－16 和表 5－17 所示。

表 5－16　各方案指标与其他方案的偏差结果

j＼i	1	2	3	4	5
1	0.499	0.364	0.318	0.499	0.389
2	0.438	0.477	0.317	0.333	0.426
3	0.317	0.402	0.243	0.435	0.242
4	0.393	0.436	0.353	0.401	0.304
5	0.280	0.368	0.262	0.353	0.391
6	0.452	0.409	0.285	0.333	0.283
7	0.366	0.499	0.328	0.421	0.293
8	0.285	0.279	0.236	0.316	0.309
9	0.430	0.480	0.330	0.423	0.314
10	0.320	0.333	0.251	0.438	0.242
11	0.393	0.393	0.285	0.315	0.346
12	0.444	0.270	0.271	0.379	0.374
13	0.327	0.420	0.236	0.267	0.244
14	0.290	0.296	0.233	0.374	0.274

表 5－17　各方案间的偏差、指标熵值、差异度及权重计算结果

j	D_j	E_j	G_j	w_j
1	2.069	0.990	0.010	0.072
2	1.991	0.992	0.008	0.057
3	1.640	0.982	0.018	0.134
4	1.887	0.995	0.005	0.033
5	1.654	0.993	0.007	0.055
6	1.762	0.989	0.011	0.083

续表

j	D_j	E_j	G_j	w_j
7	1.908	0.989	0.011	0.082
8	1.425	0.997	0.003	0.023
9	1.977	0.992	0.008	0.060
10	1.584	0.985	0.015	0.110
11	1.732	0.995	0.005	0.035
12	1.737	0.988	0.012	0.087
13	1.494	0.984	0.016	0.114
14	1.466	0.993	0.007	0.055

$$D_{11} = \sum_{k=1}^{5} d(r_{11}, r_{k1}) = 0.499$$

$$D_1 = \sum_{i=1}^{5} D_{i1} = D_{11} + D_{21} + D_{31} + D_{41} + D_{51} = 2.069$$

$$E_1 = -\frac{1}{\ln 5} \sum_{i=1}^{5} \frac{D_{i1}}{D_1} \ln \frac{D_{i1}}{D_1} = 0.990$$

$$G_1 = 1 - E_1 = 0.010$$

$$w_1 = G_1 / \sum_{j=1}^{n} G_j = 0.072$$

步骤 5　通过式（5-30）计算各评价对象的综合信息值 r_i，可以得到：

$$r_1 = (0.634, 0.822, 0.959)$$

$$r_2 = (0.637, 0.825, 0.969)$$

$$r_3 = (0.439, 0.628, 0.802)$$

$$r_4 = (0.334, 0.522, 0.710)$$

$$r_5 = (0.361, 0.569, 0.764)$$

步骤 6　通过式（5-13）计算各评价对象的期望值 Z_i，可以得到：

$Z_1 = 0.809$；$Z_2 = 0.814$；$Z_3 = 0.624$；$Z_4 = 0.522$；$Z_5 = 0.566$。

因此，$A_2 > A_1 > A_3 > A_5 > A_4$。

总体看来，目前，在我国的葡萄酒旅游目的地中，以烟台、蓬莱等产区为代表的山东目的地品牌形象最好，以贺兰山东麓区域为代表的宁夏目的地次之，其余排序依次为：以吐鲁番产区为代表的新疆目的地、以昌黎和沙城产区为代表的河北目的地、以河西走廊区域为代表的甘肃目的地。山东和宁夏的综合评价分值都达到了0.8以上，说明两者的品牌形象具有良好的优势。

5.5　研究结果与讨论

本章基于管理视角对特色旅游目的地品牌形象进行综合评价研究。首先，由文献梳理及第3章扎根分析中针对管理者和专家的访谈分析结果得出特色旅游目的地品牌形象的指标体系，再以贺兰山东麓为例，针对管理者和行业专家发放问卷，通过信效度对指标体系进行修正检验。其次，提出了基于多粒度术语的特色旅游目的地品牌形象的评价方法，采用较为客观的熵权法和TOPSIS法确定指标权重和专家权重。最后，对国内五个具有代表性的葡萄酒旅游目的地品牌形象进行了实证研究，并结合评价结果对宁夏贺兰山东麓进行了比较分析。当前，我国的葡萄酒旅游目的地中，以烟台、蓬莱等产区为代表的山东目的地品牌形象综合排序最高，以贺兰山东麓区域为代表的宁夏目的地次之，其后依次为新疆、河北、甘肃。

计算表5－15中综合决策信息矩阵中各项三角模糊数的期望值见式[（5－13）]，得到各指标权重及各指标信息期望值，如表5－18所示。

表5－18反映出：通过熵权法得到的指标权重，表明旅游设施、地方参与、游客满意度、产品质量、政策环境、经济环境等指标较为重要。另外，在各产区的综合评价比较分析中，山东产区比其他产区较早发展旅游业，相对成

熟，尤其在人文景观、旅游设施、信息化建设、特色文化、经济环境等方面呈现出优势。宁夏贺兰山东麓发展葡萄酒旅游业较晚但在自然景观、政策环境、管理体系、产品质量和产品知名度方面均占有一定的优势，体现出明显的发展潜力，而在经济环境、特色文化、旅游设施、信息化建设等方面呈现出一定的弱势，在今后的发展中宁夏贺兰山东麓应找差距补短板，充分发挥自身优势，珍惜资源禀赋，深度挖掘文化、自然等旅游资源，借助于政策、人才、核心产品方面的优势，加大科学规划和开发，有效整合和配置可利用的资源。本章综合评价研究结果分析识别出了以葡萄酒为特色的旅游目的地品牌形象在不同地域、不同发展阶段的各个关键指标。结合这些指标因素，基于管理视角对特色旅游目的地品牌形象建设提出的策略建议具体见第 6 章。

表 5 - 18　各指标权重及各指标信息期望值

i＼j	权重	宁夏	山东	新疆	甘肃	河北
自然景观	0.072	0.835	0.738	0.700	0.470	0.511
人文景观	0.057	0.792	0.816	0.627	0.556	0.495
旅游设施	0.134	0.750	0.861	0.620	0.510	0.657
信息化建设	0.033	0.740	0.809	0.504	0.476	0.580
特色文化	0.055	0.785	0.816	0.776	0.576	0.546
政策环境	0.083	0.783	0.714	0.496	0.468	0.490
经济环境	0.082	0.739	0.816	0.550	0.497	0.589
生态环境	0.023	0.792	0.833	0.714	0.585	0.583
人力资源	0.060	0.802	0.836	0.534	0.480	0.539
地方参与	0.110	0.853	0.860	0.620	0.512	0.621
管理体系	0.035	0.887	0.850	0.620	0.569	0.536
产品质量	0.087	0.916	0.714	0.715	0.531	0.511
游客满意度	0.114	0.802	0.875	0.601	0.574	0.568
产品知名度	0.055	0.870	0.836	0.733	0.561	0.595

第6章　特色旅游目的地品牌形象
建设的策略建议

本书第 3 章首先运用扎根理论研究方法对访谈原始资料进行归纳提炼，找出特色旅游目的地品牌形象的主要影响因素并初步构建影响机制模型。第 4 章基于游客问卷运用结构方程模型对此机制进行验证。第 5 章基于管理视角，通过文献研究、实证方法构建综合评价指标体系，进而采用多属性决策中基于多粒度术语的品牌形象评价方法对有代表性的五个国内葡萄酒旅游目的地进行综合评价研究，从而分析出贺兰山东麓发展中的优劣势，这样可以在确立了特色旅游目的地品牌形象影响机制的基础上更好地识别关键影响因素。融合游客视角和管理视角有助于对特色旅游目的地品牌形象的建设提出更具有针对性并覆盖全局的策略建议。

6.1　基于游客视角的建设策略建议

在第 3 章扎根分析和第 4 章影响机制验证过程中，基于游客视角的实证分析反映出游客对情感形象和特色形象、旅游体验、旅游感知、满意度等要素更加重视。这有利于在目的地综合评价及品牌建设过程中突破传统思路对个性化因素进行良好把握和针对性管理。

（1）情感形象和心理因素。积极的游客情感和心理因素能够通过旅游体验来影响感知，进而建立积极的情感形象和认知形象并产生直接或间接的行为意愿，这有利于树立和提升特色旅游目的地品牌形象。相关特色旅游企业需要开展经常性的市场调研，了解游客心理与动机，在把握"食住行游购娱"基本旅游需求要素之上，捕捉游客多元化诉求"商养学闲情奇"，加强业态融合创新并开发具有针对性的个性化产品与服务，以期增强游客行为体验和情感体验。如贺兰山东麓葡萄酒旅游目的地可围绕"避暑""避霾""避寒"的健康旅游资源优势，依托森林公园、温泉小镇、生态农业园区等开发葡萄酒康养休闲小镇，打造"养生、养心、养老、养颜、养疗"系列葡萄酒健康休闲旅游品牌；依托葡萄酒会展节庆平台、实践研学基地等，实现资源重组，打造葡萄酒文化旅游新业态，开发观光休闲游、生态乡村游、工业研学游、运动休闲游、康体养生游、美酒美食游、教育科考游、商务休闲游等特色线路，如"酒庄鉴酒骑行游""沙漠星空美酒游""美酒穿越心灵之旅"；依托相对成熟的旅游集散地、旅游景区、葡萄酒生产基地或酒庄，建设贺兰山东麓葡萄酒文化博览中心或文创主题园，将 VR、AR、全息影像、RFID 追溯等高科技手段渗透应用于酒庄导游、导览、导购领域，带动酒庄科普旅游和研学旅游，传播葡萄酒文化的同时全面触发游客的"卖点""痛点"和"痒点"，为游客提供一站式、全方位、多元化的服务，从而增强葡萄酒旅游的体验性、新奇性与吸引力。

（2）游客感知质量、感知价值和满意度。游客感知质量和感知价值提升以及游客的满意度评价工作具有重要意义，需要通过满足游客期望、丰富游客体验实现游客满意度的提升。一方面，要充分理解感知质量及其内涵并多途径、全方位地强化和提高服务质量，如在葡萄酒特色旅游目的地中加强旅游公共服务能力和配套服务能力，依靠硬件设施反映服务文化；增强导游员、服务人员的葡萄酒文化素养和旅游服务水平，提升服务品质；设置科学合理的功能区如展示区、采摘区、体验区、酿制区、品尝区、文化交流区等，"从田间到餐桌"延伸产业链、"从葡萄与葡萄酒到枸杞、蔬菜、花卉、药材、茶等"丰富和衍生产品种类，将传统旅游景点、葡萄酒庄或基地打造为全功能服务型的新型旅游景点，拓展葡萄酒文化旅游功能，提升旅游消费层次。另一方面，可通过降低感知成本来提高功能、品牌、情感等感知价值。在实践中，好的酒庄旅游不仅在于有好酒，规范标准、热情大方、便捷到位的服务同样能够提高游客满意度。葡萄酒旅游的精髓在于"将千姿百态的葡萄酒文化传播和产品销售结合在一起"。因此，旅游酒庄可针对不同类型游客提供不同产品，如对大众化游客，主要提供葡萄酒基础知识的普及讲解；对葡萄酒专业游客，可进一步向他们介绍酒庄的种植文化、独特品种及其酿造工艺；对高端消费者，可以实行全程"个性化定制"。

（3）游客满意度和忠诚度。在提高游客满意度的基础上重视忠诚度因素，培育忠诚客户，是保障目的地品牌形象不断提升的必要途径。大众全域旅游时代的旅游特征体现为"既亲民又品质""旅游即生活方式"。可通过开发共享型复合型产品以增强游客行为体验、情感体验和持久涉入。如通过特色小镇、共享酒庄田园综合体等模式，引领居民与游客共建共享、美酒融入大众生活的葡萄酒旅游新生活；充分利用现有的红酒巴士车——环保铛铛车，在核心旅游区面向大众推出葡萄酒旅游公交，以"大众育小众""小众带大众"的方式，逐步从区内市场扩充至外部市场；借助智慧旅游网络营销渠道进行整合营销推广及传播，将葡萄酒的销售、美酒美食体验和葡萄酒旅游地结合起来，实现"葡萄酒线上销售 + 线下场馆品鉴体验 + 实地旅游深度体验"相融合的葡萄酒旅游市场口碑推广模式。另外，可通过打造贺兰山东麓葡萄酒旅游 IP 形象，体现"浪漫葡萄酒 + 塞上江南"的元素，在不同季节体现不同特色，如春季运动、夏季避暑、秋季采摘、冬季养生，打造参与体验感强的葡萄酒主题小镇和旅游综合体，提高游客多次旅游及口碑推广意愿；通过吉祥物、微电影、游戏、音乐、文学等，实施创意整合营销，提升初次游客满意度进而形成品牌忠诚度，保持持续的市场生命力。

6.2　基于管理视角的建设策略建议

本书所指的管理视角融合了游客视角和管理者视角两个方面。第 5 章中基于管理视角提出的综合评价指标体系全面覆盖了目的地核心吸引力、整体环境和游客满意度，尽管是面向管理者的问卷实证和评价打分，但在游客满意度、特色文化、地方参与、产品质量等指标设置中充分考虑了游客视角，从而提升了传统评价体系的科学性和融合性。由综合评价分析可见，旅游设施、地方参与、游客满意度、政策环境、经济环境、产品质量等影响因素的权重较高，含有较大的判断信息量。另外，相比于评价排序中分值最高的山东，宁夏贺兰山东麓在人文景观、特色文化、旅游设施、信息化建设、经济环境、生态环境等方面需要补全短板。在上文基于游客视角的策略建议基础之上，基于管理视角的建设策略建议为特色旅游目的地品牌形象建设带来如下综合管理启示。

（1）目的地自身形象维度。在特色文化方面，构建目的地良好完善并独具特色的认知形象尤为重要，这是旅游目的地的核心吸引力所在。特色旅游一直是长尾市场，需要相关的管理人员科学编制特色旅游目的地发展规划，避免同质化、单一化和盲目投资，形成"一庄一品""一镇一品""一区一品"的合理布局。同时要结合地域文化，深度挖掘文化内涵，将资源优势转化为品牌优势。如针对葡萄酒旅游目的地，可通过文旅发展新模式"四名一体"——名胜、名城、名镇、名村开发集文化创意、度假休闲、康体养生等主题于一体的葡萄酒文化旅游综合体。如宁夏贺兰山东麓可依托丰富的地域文化资源：具有悠久历史的贺兰山岩画，神秘的西夏王陵，极具考古研学价值的人类史前遗址水洞沟，集自然与人文于一体的黄沙古渡等，结合宁夏的世界遗产——引黄古灌区的农耕文化以及丝路文化、边塞文化、民俗风情、西夏历史等多元特色，进一步挖掘和丰富葡萄酒文化内涵。此外，可结合葡萄酒的生产与消费的动态过程，将地域文化与葡萄产业的自然景观（风土、生态）、人文景观（葡萄小镇、酒庄建筑、园林）、社会文化（品鉴、侍酒、饮食、服饰、民俗、节庆）、精神文化（艺术、文教、语音）等有机结合并深度挖掘，形成旅游吸引力、差异化和主题性。

在旅游设施方面，需要建设与目的地特色相适应的主客共享的旅游配套设施和公共服务设施，这是全域旅游产城融合、社会共建共享情境下满足游客复合体验及多元化、品质化需求的综合服务保障。有关"食、住、行、游、购、娱"基础设施的建设规划需要和自身的建筑风格、地域特色文化、接待容量相匹配。首先，要建设好主题酒店、自驾车宿营地、度假村、生态园、农家乐、旅游民宿、分时度假公寓等辅助旅游住宿设施；完善特色餐饮名店、美食街区、观光夜市、自助餐吧等餐饮设施；建设主题公园、特色小镇、游乐场、城市综合体等休闲娱乐设施。其次，要强化城旅一体，打造城市旅游休闲空间；加快城乡融合，建设新型城镇村旅游休闲空间及旅游商圈；健全旅游标识系统，持续推进旅游厕所建设。最后，要完善旅游综合交通，加强航空交通运输、城际铁路、高速公路与国省干线、旅游通景公路和乡村公路以及水上旅游交通线路；大力发展特色休闲旅游交通方式诸如城市旅游观光轨道交通、骑行绿道、健身步道等。针对葡萄酒旅游目的地，可以引导开发"都市酒窖"即移动展示中心、"空中酒庄"即红酒班机、"列车酒庄"即红酒车厢、"城市观光铛铛车"即红酒巴士等，打造智慧交通体验式服务。

在信息化建设方面，信息化和智慧化是新时期实现目的地品牌形象提升、服务创新和文化传播的必要手段。新一代信息技术构建的旅游信息化涵盖和渗透智慧旅游的方方面面：结合5G通信的边缘计算智能物联技术将特色旅游目的地中管理、游览、体验、购物等环节中的各类信息进行采集、连接和实时服务；通过云计算技术整合各类信息资源并进行统一智慧调配；结合大数据分析技术实现特色旅游的智慧化管理，对游客进行智能服务、消费推荐、特色引导、个性体验和行为培育。这就需要特色旅游目的地建设区域大数据共享平台，打造将产业链、技术链、服务链"三位一体"的信息化服务，深度整合有效的信息和新兴技术资源。如宁夏的旅游信息化建设起步相对较晚但发展迅速，目前已经将旅游电子门票分销系统、景区游客流量实时监测系统等一系列信息化项目整合进旅游信息管理系统，实现了旅游云部署。但宁夏葡萄酒旅游信息化建设尚处于初级阶段，一些规模化的葡萄酒庄在生产监测、气象监控、品种追溯方面虽使用了一定的智能化手段，但在葡萄酒旅游消费推荐、电商交易、市场行为分析等方面还缺乏系统有效的大数据分析平台。随着新一代信息技术的发展和特色旅游目的地智慧旅游的需要，还要进一步加强网络和设备的硬件建设，实现硬件制造、软件与数据服务、生活服务相结合，特别是新一代信息技术应用和5G网络的铺设，并通过高校、政府、涉旅企业的深度合作实现葡萄酒旅游信息化管理人才的培养和专业技术扶持，实现葡萄酒特色旅游从葡萄种植到酒庄酿造、从游客游览到特色体验、从协调管理到智慧旅游的全方位智能信息服务。从而为管理者把握游客行为特征和旅游市场动态提供技术保障和大数据分析。例如，在葡萄酒公共服务、文化传播、远程教育等方面，除了加强有关葡萄酒知识的普及、实时更新最先进的国际葡萄酒酿造工艺和技术，同时可通过葡萄酒产品的线上推广、数据挖掘、市场细分和精准营销增强葡萄酒爱好者及旅游者的消费体验及购买力。

（2）目的地环境形象维度。第一，在政策环境方面，需要在旅游用地政策、财政政策、投融资政策、惠民政策及国际化政策方面优化政策环境。针对特色旅游目的地建设初级阶段更需要政策导向，需要发挥财政引导市场投资的作用，放大政府资金的引导效应，逐步增加旅游发展产业引导资金的规模，整合多方资金资源，营造良好的投资政策环境，提高旅游公共服务水平。如宁夏地区虽然在我国政策引导下，在金融、产业、科研和技术等方面都取得了长足的进步，也惠及了葡萄酒产业和相应的旅游目的地发展，但相比于东部发达区域还较为薄弱。目前随着"一带一路"倡议、乡村振兴战略等发展机遇，需要充分推进宁夏开放型经济实验区建设，打造面向"丝绸之路经济带"沿线国家和地区的外向型葡萄酒特色旅游，构建以宁夏全域旅游为基本支撑，以葡萄酒旅游为特色的旅游目的地新架构。首先，要积极利用土地和招商政策，引导和鼓励国内外投资商进行葡萄酒相关产业链的项目开发，推进一、二、三产业融合发展，提升葡萄酒产业综合效益。其次，要建立公私协作的多元投资体系，吸引更多的社会资金投入葡萄酒旅游开发建设，加大对贺兰山东麓葡萄酒品牌培育、葡萄酒旅游发展的导向性投入。对贺兰山东麓闽宁镇、镇北堡镇文化旅游观光带以及青铜峡甘城子、鸽子山、红寺堡罗山葡萄产业园区等重点葡萄酒旅游开发项目给予政策支持；建议设立"葡萄酒旅游发展专项资金"专户，用于葡萄酒旅游公共服务、营销推广、规划编制、招商引资、行业管理、旅游商品和市场开发、人才培训、项目开发、补助奖励、资源普查等方面。最后，在具体产业政策方面，应进一步加强原产地保护，健全葡萄酒质量认证体系。

第二，在经济环境方面，随着相关政策的实施和惠及，特色旅游目的地需要通过特色优势产业的融合创新及转型升级，发挥旅游在拉动内需、促进消费、吸纳就业等方面的优势作用，服务于地方整体经济发展。首先，需要旅游市场的进一步开发和开放，努力实现产业共赢和市场流通。其次，需要进一步打造区域特色产业品牌和旅游品牌的"产旅融合"特色品牌效应，从而进一步提升区域旅游生产方式和目的地游客消费模式的进一步转变。如葡萄酒旅游目的地要完善酿酒葡萄种植与酒庄酿造的供应链，促进酒庄特色旅游产品开发与推荐机制，培育游客消费行为，打造具有多元开放特征的特色旅游投资与盈利的循环模式，实现多产业共赢协调发展的经济环境。同时，需要进一步推进葡萄酒文化展示和旅游体验、区内外葡萄酒商品销售、线上线下推广等营销渠道的合作发展，全方位多渠道搭建葡萄酒营销平台，以逐步增强贺兰山东麓葡萄酒的品牌影响力。

第三，在生态环境方面，要坚持开发与生态保护并重，明确旅游环境保护重点，加大旅游环境保护措施，保护区域文化遗址，实现生态和文化资源的良性发展，达到资源的动态平衡、环境的整体平衡。首先，按照生态文明理念，加强生态廊道保护体系建设，创新生态环境保护模式。全力推进目的地国家森林公园、湖泊湿地、沙漠、种植园区等区域的生物多样性保护。在严格遵从相关法律法规，积极加强资源和环境保护的同时，发挥生态优势和产业聚集优势，积极开发出景观生态、健康生态和欢乐生态等生态创意旅游产品。其次，要树立产业生态圈的思维，构建产业的生态供应链和价值链，有效推动生态环境协调发展。保护区域山水林田肌理，展示田园风光；通过旅游开发积极宣传生态保护、生态循环、可持续发展等生态教育理念，积极宣传低碳旅游方式，保护与利用相互促进，以实现区域价值的最大化。例如，在葡萄酒旅游目的地，葡萄种植园的管理与旅游酒庄的建设需要与当地的生态环境相协调，达到"宜融尽融"的效果，从而推动葡萄酒旅游产业的"绿色化"发展。要建设集高产、生态、环保、优质于一体的有机葡萄种植园，提倡生态种植新技术和生物动力酿造法，节支增收，减少病害，安全环保；要注重构建葡萄酒产业的价值链管理，建立种植、酿造、加工、消费一体化的生产经营模式，形成从果农、种植基地、生产企业、渠道成员一直到最终消费者的良好利益共享和分配链条。建议拆除规划区内养殖场、采砂场，通过环境整治保护目的地整体旅游环境。在产区酿酒葡萄种植区及其周边五千米范围内，禁止新建化工、建材、制药、采矿、规模养殖以及产生重金属排放等对土壤、水质、大气造成污染和对葡萄产业发展造成影响的项目。

第四，在人力资源方面，要建立目的地依托特色产业重点环节的规范化人才培养机制，构建"专家学者＋经营管理人员＋专业技术骨干人才＋旅游导服人才"的人才团队和培养体系。通过加强联合办学、校企合作，推动产教融合，形成多层次和全方位的人才培养机制。如针对葡萄酒旅游目的地，逐步建立起一批高水平葡萄酒种植和具有国际水平的酿酒师和品酒师队伍，以及专业规范的服务团队。目前，宁夏贺兰山东麓葡萄酒旅游发展的复合型创新型人才匮乏，需要通过加强校企合作共建葡萄酒旅游实习实践基地，鼓励校企联合开展实施定制式人才培养模式，实现旅游服务培训和就业相协调的职业发展路径。通过"葡萄酒文化进校园""企业家走进课堂"，推动葡萄酒涉旅企业与相关院校葡萄酒旅游教育的产教融合。可借助闽宁镇贺兰山东麓葡萄酒教育学院、宁夏大学、北方民族大学、宁夏职业技术学院等葡萄酒或旅游类专业人才培养基地，布局建设葡萄酒技能实训、研学旅游等学生社会实践基地，开展面向从生产者到消费者的全产业链葡萄酒教育培训，为贺兰山东麓培养更多的技术人才和葡萄酒旅游爱好者、消费者，依托产业打造中国葡萄酒旅游社会化教育体系和国际知名的葡萄酒旅游教育品牌，从而使产业具有永续发展的创新动能及文化生产力。

第五，在地方参与方面，以政府、企业、社区、居民、农民、游客等利益相关主体的多元互动体系也将对当地特色旅游起到重要影响，体现在政府引导、市场主体、社会互动和社区参与等主要方面，需要规划特色旅游目的地多元主体联动项目，提倡特色旅游活动的社区参与机制。首先，可通过创新发展乡村旅游经营模式、特色农业旅游商品开发等途径引导农民作为主体参与农旅发展中。其次，可通过培育旅游市场主体来推进旅游企业市场化改革，培育壮大本土旅游龙头企业，鼓励企业现代化改革。最后，通过创新社会治理，倡导文明旅游，树立"人人都是旅游形象，处处都是旅游环境"的理念，营造主客共享的全域旅游社会环境。通过引导全民参与旅游供给、全民分享惠民成果、旅游节庆、旅游购物、线上消费等措施促进全民参与旅游发展和旅游消费。

（3）目的地核心产品形象维度。第一，目的地核心产品即其核心吸引力所在。如葡萄酒旅游目的地的核心产品就是葡萄酒及其相关旅游延伸产品，主要包含：葡萄酒旅游商品如葡萄酒产品及其旅游纪念品；葡萄酒旅游接待产品如葡萄酒主题酒店和主题餐吧；葡萄酒旅游线路产品如葡萄酒醉美乡村游、休闲采摘游、亲子研学游、商务考察游等；葡萄酒旅游节庆产品如葡萄酒博览会、美酒美食节、展藤节等。可通过以上旅游商品、旅游线路产品和旅游节庆产品的开发来增强游客的旅游新消费和新体验。有关葡萄酒旅游商品的开发需要将葡萄酒看作旅游产品并注重衍生开发，打造具有实用性、便携性、纪念性、艺术性的葡萄酒系列旅游商品；有关葡萄酒旅游线路产品的开发需要将酒庄看作景区并和周边景点相结合，形成各区域联动并各具特色的长短组合、纵深组合的葡萄酒特色旅游线路；有关葡萄酒旅游节庆会展产品的开发应充分融合农业、工业、文化、健康、金融服务、新兴信息技术等产业，通过打造新业态来开发新产品并提升其核心吸引力。

第二，产品质量是特色旅游目的地相关产业和企业的生命线。特色旅游目的地管理方应该加强核心产品的标准化生产管理、质量监管以及配套服务工作。如针对葡萄酒旅游目的地，要建立葡萄酒产品与质量保护标准，要建立从农田到市场，从繁育、种植、控产、酿造、贮藏到销售各环节的产品质量追溯体系，形成互联互通、产销一体化的产品质量安全可追溯信息平台。在葡萄酒核心产品的配套服务方面，要围绕食、住、行、游、购、娱等旅游要素，制定体现地方特色的旅游服务地方标准。如在侍酒礼仪、服务流程、旅游讲解、导引导览、旅游商品等方面加强核心产品的服务过程管理。通过良好的基础设施及公共服务提升产品质量的有形性；通过规范化、标准化的专业生产和服务确保产品质量的可靠性和保证性；通过热情大方、高效便捷的服务提高产品质量的响应性；通过个性化、主题化、差异化的线路产品及节庆产品开发，挖掘服务文化并增强产品质量的移情性。

第三，产品知名度、美誉度和满意度是特色旅游目的地品牌形象的价值体现。以葡萄酒旅游目的地为例，首先，政府需要加强有关葡萄酒国家地理标志产品、旅游酒庄评定等的认证申报及管理，通过教育培训、社区参与、网络营销、IP品牌营销等各种方式加强品牌价值的提升和营销推广工作。其次，目的地管理者需要联动社会多方力量，邀请国内外葡萄酒协会及旅游协会参与，持续办好标志性的葡萄酒节会，如贺兰山东麓国际葡萄酒博览会、红酒马拉松、展藤节、国际酿酒师挑战赛、侍酒师大赛、"酒之路"旅游文化节、国际葡萄酒文化旅游论坛等。通过以上代表性的葡萄酒旅游节庆产品及其丰富的旅游线路产品逐步树立良好的葡萄酒旅游目的地品牌形象并提升其美誉度和影响力。最后，管理者不可忽视在目的地的综合评价中对游客满意度进行统计调研。满意度是游客情感体验与行为体验的集中体现，也是游客忠诚度的基础。在全域旅游时代，"人人都是旅游形象"，需要调动游客、社区居民、网民等各种力量，通过针对葡萄酒旅游产品满意度的调查评价及反馈管理，使管理者与游客之间形成良好互动和共建共享的氛围，使葡萄酒特色旅游逐步成为地域文化和美好生活方式的象征。

总体来说，特色旅游目的地品牌形象是对其评价结果的综合体现。游客行为意愿就是对评价结果的选择和执行，也会作用于认知形象和情感形象（目的地整体品牌形象的组成部分），而目的地品牌形象评价中的目的地自身形象维度和环境形象维度可对应于目的地认知形象中的物质形象、精神形象、环境形象和特色形象范畴，目的地核心产品形象维度可对应于游客感知质量、感知价值及满意度等范畴。所以，基于游客视角的影响机制实证分析和基于管理视角的综合评价分析在目的地品牌形象和游客行为意愿上予以交合，特色旅游目的地在品牌形象建设过程中，要从目的地自身形象、环境形象及核心产品形象3 个维度和 14 个评价指标各方面认清自身优劣势，挖掘潜能，合理配置资源，经历从微观到宏观、从个体到群体、从单次到多次、从新客户到老客户的循环累积作用，不断促进品牌形象的系统提升。

第7章　基于文化IP的贺兰山东麓葡萄酒旅游目的地品牌形象构建案例

7.1　文化IP

7.1.1　文化IP的概念及内涵

IP（Intellectual Property）被翻译为"知识产权"，查阅相关文献，张娜（2019）认为文化IP是一个典故、艺术形象、主题等，是以某一IP为原型创造出的各色各样的创意产品，包括标志、纪念品、插画等。高原（2019）认为文化IP是对城市文化旅游产业的认知，可以准确、快速地定位城市文化旅游的相关旅游景点或旅游目的地，通过文化IP的赋能，将游客流量带到旅游目的地，从而提炼目的地的旅游品牌和品牌形象，实现其价值。黎玉杰（2020）认为IP原意为知识产权，但随着时代的发展以及人们的创新，IP已经完成了自身的再定义，即现象级营销概念，包括小说、漫画、综艺、电影等多种形式，凡是自带流量能引起观众情感认同的一切产品、品牌与个人都可称为IP。

综上所述，笔者认为 IP 原意的确为知识产权，但是伴随互联网新媒体的发展，IP 源于知识产权且高于知识产权。我国目前已进入"混态融合"时代，文化产品之间的连接融合更为明显，从"IP"到"文化 IP"特指一种文化产品之间的连接融合，是有着高辨识度、自带流量、强变现穿透能力和长变化周期的文化符号。文化 IP 将以其高辨识度、好玩有趣、个性鲜明、有态度、有观点、有价值观的特征不断脱胎于亚文化圈层，在主流文化舞台上大放异彩。

7.1.2　文化 IP 的发展与作用

基于文化 IP 的 IP 营销起源于 20 世纪 80 年代，2015 年传入中国，不断发展倡导"得 IP 者得天下"。葡萄酒旅游目的地发展 IP 运作，借助 IP 推动品牌营销。同时文化 IP 说明目的地品牌形象具有众多的发展形式，葡萄酒旅游目的地必须紧抓自身的热点 IP，发挥其热点 IP 的粉丝集群效应，创新营销机制。

葡萄酒旅游目的地发展 IP 运作是实现品牌形象升级工程的新途径，文化 IP 下的葡萄酒旅游目的地品牌 IP 通过人格化的 IP 形象可以使消费者在繁杂的市场中迅速识别并定位，达到传播葡萄酒旅游目的地的目标。

7.1.3　文化 IP 的相关实践案例

每个国家都充满各种各样的文化 IP，也因此备受国内外消费者的认知。笔者认为贺兰山东麓葡萄酒旅游目的地品牌形象的构建也需要做好自己的功课，收集并借鉴国内外优质 IP 的信息。

（1）爱摩帝博葡萄酒主题公园。法国爱摩帝博葡萄酒主题公园是"葡萄酒＋亲子游"的跨界典范，被誉为"法国的葡萄酒迪士尼乐园"，全年龄段、不同葡萄酒知识水平的游客都能够在此享受美好时光。有可以休闲骑行观赏葡萄园的花园，有老火车站改造的接待厅与餐馆，还有葡萄酒博物馆与迷宫、空中热气球等设施，其强调趣味性、自主性强的探索。这里还会举办很多节事活动，如化妆晚会、舞会等，大人与孩子可以共同参加。

中国的葡萄酒主题公园 IP 时代正在到来，爱摩帝博葡萄酒主题公园启发我们要拥有整套完整的设施，针对多样化的需求体验量身定制活动和场景。无论是葡萄酒行业人士，还是爱好者和收藏家，都可以在此展开精彩的探索之旅。

（2）烟台朝阳街的葡萄酒 IP：张裕·克利顿葡萄酒餐厅、38°N 微醺和世界葡萄酒主题雕塑。烟台是亚洲唯一的国际葡萄与葡萄酒城，如何擦亮这张名片，朝阳街的重装复兴便是有效的探索与尝试。作为烟台"一岛、一湾、一山、一街、一城""五位一体"打造的新地标之一，朝阳街主打葡萄酒 IP，融合了历史文化、商业活动、休闲娱乐、精品旅居等元素，塑造了标志性的时尚休闲街区。

张裕·克利顿葡萄酒餐厅，人们可以欣赏到孙中山为张裕题写的墨宝"品重醴泉"。此外，这里还展陈了大量蕴积着葡萄酒历史文化的物品，令人充分感受到百年张裕的时尚品位。

38°N 微醺是位于街区中段的"微醺世界"，可以说是全球首创的超现实主义室内幻想葡萄酒乐园，它利用虚拟现实技术，将灯光布景和空间陈列相结合，让来到这里的人们可以以酿酒师的视角，体验从葡萄到美酒的酿造过程，享受一次清醒的"微醺"之旅。

夜晚的朝阳街拥有街头至街尾 5 组葡萄酒主题雕塑，穿插着街区阳台上男女主人公的爱情故事，一则时尚光影剧为朝阳街的夜晚增添了浪漫气氛。

（3）"酒中作乐"7 年，醉鹅娘实现个人 IP。2013 年，醉鹅娘开始制作葡萄酒知识普及系列视频。醉鹅娘最聪明之处在于，总能找准客户想知道什么，并与客户建立信任感。

醉鹅娘的创作内容始终保持新鲜度，一是相对专业，二是通俗易懂。当酒商们沉浸于强调土壤的组成成分、年份对酒的影响时，醉鹅娘则采用具有个人风格的语言,为"红酒小白"提供其真正想要的知识科普,比如像"砖家"一样品酒。

2020 年,醉鹅娘推出新的广告语:酒中作乐(No Drinks,No Life),让年轻一代更简单地从酒中体验人生的快乐。醉鹅娘在做品牌时没有刻意淡化个人痕迹,从鹅娘小酒馆到鹅娘的客厅,品牌一直围绕醉鹅娘这个 IP 进行延伸。醉鹅娘孵化出狮子歌歌 IP,狮子歌歌每款果酒都有一些小创意,如酒瓶上的小狮子会有不同的姿态,最近推出的蜜桃梅酒,瓶身上的狮子则是一头拥有蜜桃臀的健身狮,如图 7 - 1 所示。

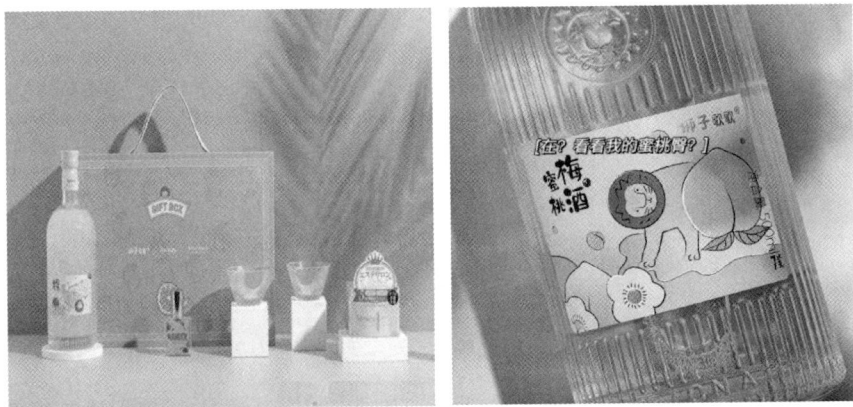

(a)狮子歌歌整体形像　　　　　　(b)蜜桃味狮子歌歌

图 7 - 1　蜜桃味狮子歌歌

7.2　文化 IP 与目的地品牌形象的关系

目的地品牌形象是在消费者心目中留下的,关于产品或者服务的一系列感知,这种感知很容易受到外部市场和竞争对手的影响,而文化 IP 所包括的商标、形象、语言或故事，往往能被受众群体一眼识别；同时目的地品牌形象的传达借助品牌营销，文化 IP 的应用作为一种新的品牌营销方法正在发挥创新传统营销渠道的作用。因此，文化 IP 与目的地品牌形象的关系可以归纳为三个方面。

7.2.1 提升目的地品牌形象价值

文化 IP 从文化、属性、价值观等方面提升目的地品牌形象的整体内涵，打造独有的目的地品牌形象，其渗透品牌产品的设计、包装与营销中，向游客传递目的地品牌形象的认知度和价值观念，引发游客的好奇与关注，增强旅游消费者对品牌的吸附力度和传播力度。

7.2.2 实现产业链延伸

文化 IP 倡导多元文化的跨界合作，目的地品牌形象的 IP 化过程就是抓住消费者的购买需求打造亲切而积极、独特且限量的产品，增加旅游目的地品牌的趣味性与机智性。通过平衡文化 IP 内核、技术实现及商业化的关系，以技术手段推动第三方版权交易市场的建立，构建文化 IP 供应链管理体系，最终实现目的地文化旅游产业链的延伸。

7.2.3 提高旅游者的品牌忠诚度

企业可以通过文化 IP 聚集游客，定制满足其行为特征和需求偏好的多元化文创产品，增加葡萄酒旅游目的地的经济效益，提高旅游者对葡萄酒旅游品牌的忠诚度、满意度和传播度。

综上所述，基于文化 IP 研究葡萄酒旅游目的地品牌形象构建，是从文化 IP 认知上的理性定位，到品牌美学感性上的一整套市场化产物，是葡萄酒旅游目的地的人格化赋予，是凸显产区产品与其他竞争对手差异性的特征。其具体可细化为：首先，培育一个符合大众审美和兴趣的品牌以连接更多元化的可能性；其次，以葡萄酒文化 IP 为文化壁垒，打造具有特色、趣味的独立文化 IP；最后，依托葡萄酒旅游目的地的地域文化为 IP 加持，使目的地品牌形象饱满而真实。葡萄酒旅游发展 IP 运作，实现目的地品牌形象升级工程，赋予产品文化属性，对于任何葡萄酒旅游目的地，甚至对于整个中国葡萄酒旅游行业的理论和实践研究都有着一定的现实意义。

7.3　贺兰山东麓葡萄酒旅游目的地发展定位

　　贺兰山东麓产区被公认为是世界适合酿酒葡萄栽培的地区之一。其位居山河之间的独特地理环境，干旱少雨，光热充足，昼夜温差大；砂石土壤透气性好，富含矿物质，黄河灌溉便利，被国际葡萄酒组织誉为"世界葡萄酒明星产区"。

　　回顾产区多年的发展历程，贺兰山东麓凭借优越的地理位置和独特的风土条件，成为全国集中连片规模最大的酒庄产区，现有酒庄 211 家（其中建成 92 家、在建 119 家），36 家酒庄具有旅游功能，年产葡萄酒 1.3 亿瓶，综合产值达 261 亿元。贺兰山东麓葡萄酒先后获得国内外奖项 1000 多个，目前产区品牌价值已位列中国地理标志产品区域品牌榜第 10，品牌价值 271.6 亿元。贺兰山东麓葡萄酒旅游长廊还是贺兰山国家级风景道的组成部分，位于宁夏全域旅游发展的核心区域，共有 96 家 A 级旅游景区，其中 4 家 5A 级、22 家 4A 级旅游景区，169 家旅行社，100 家旅游星级饭店，112 家四星级以上乡村旅游点。目前，贺兰山东麓葡萄酒旅游目的地网络热度全国排名第一，并且已经获评"世界十大最具潜力葡萄酒旅游产区"，贺兰山东麓定位情况如表 7 - 1 所示。

表 7－1　贺兰山东麓定位

分类	内容
产业定位	黄河流域生态保护和高质量发展先行区特色产业；世界葡萄酒明星产区；国家葡萄及葡萄酒产业开放发展综合试验区；国家农业高新技术产业示范区
品质定位	世界葡萄酒黄金产业带；中国最大最佳葡萄酒原产地；中国获得国际葡萄酒金奖最多的地方
权重定位	中国葡萄酒产业"硅谷"；中国葡萄酒看宁夏；中国葡萄酒从宁夏走向世界
品牌形象定位	宁夏贺兰山东麓被誉为中国优质葡萄酒产区；世界葡萄及葡萄酒组织中国省级观察员；中国（宁夏）国际葡萄酒博览会永久主办地；中国葡萄酒产业引领者；被誉为中国"葡萄酒之都"；国际特色葡萄酒旅游目的地

综上所述，贺兰山东麓葡萄酒旅游目的地三十多年的发展历程已形成一定的产业产能、市场份额和品牌知名度，成为宁夏扩大开放、调整结构、发展创新、促农增收的特色优势产业。

习近平在两次视察宁夏时，都对宁夏葡萄酒产业给予充分肯定并做出重要指示。2016 年 7 月，习近平视察宁夏时指出："中国葡萄酒市场潜力巨大。贺兰山东麓酿酒葡萄品质优良，宁夏葡萄酒很有市场潜力，综合开发酿酒葡萄产业，路子是对的，要坚持走下去。"2020 年 6 月，习近平再次视察宁夏时又指出："宁夏要把发展葡萄酒产业同加强黄河滩区治理、加强生态恢复结合起来，提高技术水平、增加文化内涵、加强宣传推介、打造自己的知名品牌，提高附加值和综合效益。"

7.4　贺兰山东麓葡萄酒旅游目的地品牌形象的 SWOT 分析

基于上述分析，随着产区知名度和美誉度的不断提高，为实现产区产业高质量发展目标，贯彻落实习近平的重要指示，解决产区品牌策划不到位、酒庄品牌和产品品牌的宣传推介缺乏力度的问题，制定产区品牌发展战略，重视品牌形象定位，将其作为实现产区高质量发展的有力抓手。为此笔者针对贺兰山东麓葡萄酒目的地旅游品牌形象进行 SWOT 分析。

7.4.1　优势分析（S）

（1）资源环境为目的地品牌形象提供先天优势。贺兰山东麓作为宁夏全域旅游发展的核心区域，初步形成了贺兰县金山、西夏区镇北堡、永宁县玉泉营等葡萄酒酒庄集群，成为全国葡萄酒酒庄最集中的地区。建立了贺兰金山、永宁闽宁、青铜峡鸽子山、红寺堡肖家窑等试验示范区，形成具有一定实力的科技研发基地。优质的资源环境奠定了贺兰山东麓产区在中国葡萄酒旅游产业的领军地位。

（2）产业基础雄厚，目的地品牌知名度高。目前，贺兰山东麓酿酒葡萄种植面积已达 49.19 万亩，是全国集中连片规模最大的酒庄产区。现有酒庄 211 家（其中建成 92 家、在建 119 家），36 家酒庄具有旅游功能，酒庄年接待游客达 60 万人次以上。并且，贺兰山东麓葡萄酒先后获得国内外奖项 1000 多个，已位列中国地理标志产品区域品牌榜第 10，品牌价值 271.6 亿元。贺兰山东麓获评"世界十大最具潜力葡萄酒旅游产区"，葡萄酒旅游目的地网络热度排名第一，知名度和美誉度不断提高，在游客心目中的品牌形象已渐趋成熟。

（3）产区发展定位明确，自身特色显著。2018 年宁夏回族自治区党委坚持创新融合发展、品牌发展、提升品牌影响力、产品竞争力和产业带动力，加快产区转型升级，推动高质量发展，努力打造国内乃至世界一流的葡萄产业高地。30 多年来产区充分发挥得天独厚的资源优势、生态优势和品牌优势，走出了一条具有宁夏特色的品牌化、多元化、国际化葡萄酒产业发展之路。葡萄酒产业已成为宁夏扩大对外开放、发展现代农业、改善生态环境、推进城乡融合发展和农业供给侧结构性改革的重要产业，也是宁夏一张亮丽的"紫色名片"。

7.4.2 劣势分析（W）

（1）产业融合度较低，葡萄酒旅游目的地品牌形象模糊。宁夏贺兰山东麓地区旅游资源丰富，周边景点景区众多，如像贺兰山森林公园、西夏王陵、镇北堡西部影视城和贺兰山岩画等。但是基本上各个景点与酒庄之间的联系并不紧密，而且酒庄与酒庄之间也缺乏合作，这就直接导致贺兰山东麓葡萄酒的整体形象很难进行具象化的包装设计。

（2）葡萄酒旅游目的地品牌体系单一，不能带动旅游业发展。目前，贺兰山东麓的葡萄酒旅游基本停留在简单的观光游以及特定季节的葡萄采摘阶段，各级酒庄缺乏更深层次的体验游设计，这就直接导致很多旅游者进入酒庄后只是走马观花，回头率大打折扣。再加上酒庄与酒庄之间游览项目同质化现象严重，彼此的品牌差异性不够凸显。近几年，虽然产区迎着国家政策支持得到了快速发展，解决了当地很多的就业问题，但是要将葡萄酒业与旅游业进行深度融合，仍然具有一定的难度。

（3）文化内涵挖掘不深，葡萄酒旅游目的地品牌形象文化缺失。宁夏葡萄酒虽然各具特色，但是并未结合已有的文化内涵打造属于自己的葡萄酒旅游故事，对外宣传只是流于表面。在当今内容为王的时代，讲好品牌故事的企业更容易保持市场活性。

（4）葡萄酒旅游目的地基础设施形象不佳。酒庄内部在氛围营造、游览路线、购物、研学休闲、餐饮住宿等方面条件不完善，游客很难获得完整的旅游体验；酒庄与酒庄之间、酒庄与其他旅游资源之间在交通引导、园林绿化、旅游设施等方面缺乏融合，导致目前的基础设施现状同"紫色名片""葡萄酒之都"的形象不相符合。

（5）复合型人才缺乏，目的地品牌形象持续竞争力不足。葡萄酒旅游的主要服务人群一般都有高学历等特点，所以对其服务人才的要求也都比较高。但是产区的葡萄酒旅游目前处于发展的初级阶段，专业型的人才培养周期较长，所以产区人才仍然存在很大缺口。

7.4.3　机会分析（O）

（1）国家政策优待，助力目的地葡萄酒旅游。在"一带一路"倡议下，打造面向"丝绸之路经济带"沿线国家和地区的外向型葡萄酒旅游产业集群，是调整宁夏经济的突破口。葡萄酒旅游作为乡村旅游的一种品质体现，是实现乡村振兴的有效抓手。习近平先后两次来宁夏视察时都对宁夏葡萄酒及其旅游产业做出重要指示，宁夏回族自治区政府也出台了以葡萄酒和旅游产业为代表的九大重点产业实施方案，放大葡萄酒产区发展的特色优势，提升目的地品牌价值，把贺兰山东麓打造成"葡萄酒之都"。

（2）文旅融合时代，高质量发展背景的契机。葡萄酒旅游产业的融合发展必将有利于文旅融合新体验、全域旅游共建共享以及特色旅游目的地品牌高质量发展。2020 年 6 月，习近平来宁夏视察时指出："宁夏葡萄酒的品质不亚于欧洲国家中高档葡萄酒的品质，甚至要更好。产区品牌对葡萄酒很重要，宁夏要打响产区品牌。未来贺兰山东麓葡萄酒产业一定大有前景，你们要坚持做下去"。因此，推进产区葡萄酒旅游的高质量发展，建设特色目的地品牌与品牌形象，是贯彻落实习近平对宁夏葡萄酒产业重要指示精神的具体体现。

（3）国内市场消费潜能突出，葡萄酒将引领新消费。国内消费者的消费方式更趋于理性。目前我国的葡萄酒产业市场发展格局主要以国内大循环为主体，国内国际双循环相互促进，葡萄酒产业正在加速从出口导向型转向内需驱动型的发展模式，这将为宁夏乃至中国葡萄酒产业开辟广阔的市场前景。

（4）产教融合机制，为葡萄酒旅游目的地品牌形象构建提供人才保障。

依托宁夏回族自治区政府的大力支持，贺兰山东麓葡萄酒产区加强联合办学、校企合作机制，推动产教融合，构建了葡萄酒旅游目的地"专家学者＋经营管理人员＋专业技术骨干人才＋导服人才"的人才团队和培养体系，开启葡萄酒旅游目的地产教融合建设之路。

7.4.4 威胁分析（T）

（1）中西方葡萄酒文化的差异，增加本土化目的地品牌形象构建难度。"一方水土养一方人"，中西方葡萄酒文化的差异和风俗，体现在礼仪、方式、理由、目的、层次、搭配、文化等方面。中西方葡萄酒文化各具特色，构建葡萄酒旅游目的地品牌形象时需要兼顾双方不同的历史文化、地域等，整合优质、可发展、传承与体验的文化。

（2）国内外特色旅游目的地兴起，加速产区市场竞争压力。贺兰山东麓葡萄酒旅游目的地发展过程中，同时面临国内和国际葡萄酒旅游市场竞争的压力，冲击主要集中在三个方面：其一，国内国际目的地品牌的竞争；其二，数量和品牌众多为消费者提供更多选择；其三，互联网的迅速发展，营销渠道更加便捷，如表7-2所示。

基于上述分析，贺兰山东麓葡萄酒产区已具备构建品牌形象的内外部条件，产区葡萄酒旅游品牌形象构建应该以SO战略为主，以WO战略、ST战略和WT战略为辅，按照高质量发展思路，坚持政府和企业双向主打产区品牌，实现"产区品牌牵引，产品品牌支撑，市场消费赋能"的融合发展创新模式，建立起具有中国特色的葡萄酒旅游目的地品牌形象体系。

表 7 - 2　贺兰山东麓葡萄酒旅游目的地品牌形象 SWOT 分析

内部条件 外部条件	优势（S）	劣势（W）
	以资源环境为目的地品牌形象提供先天优势； 产业基础雄厚，目的地品牌知名度高； 产区发展定位明确，自身特色显著	产业业态融合度低，葡萄酒旅游目的地品牌形象模糊； 文化内涵挖掘不深，葡萄酒旅游目的地品牌形象文化缺失； 葡萄酒旅游目的地基础设施形象不佳； 复合型人才缺乏，目的地品牌形象持续竞争力不足
机会 （O） 国家政策优待，助力产区葡萄酒旅游； 文旅融合时代，高质量发展背景的契机； 国内市场消费潜能突出，葡萄酒将引领"新消费"； 产教融合机制创新，加速产区葡萄酒旅游目的地品牌形象构建	SO 战略： 依托区位资源优势，发展具有自身特色的葡萄酒旅游，打造专属目的地品牌形象； 结合九大特色产业，提升葡萄酒旅游目的地品牌的发展质量与市场竞争力； 葡萄酒产业同多产业深度融合，葡萄酒旅游相关产业长足发展； 率先在全国建成葡萄酒大数据平台，推动葡萄酒产业高质量发展	WO 战略： 依托政策支持，加快构建产区品牌形象； 加快相关技术与服务的引进，改善当前产区品牌形象的发展瓶颈； 产教融合发展机制为产区提供更多的复合型人才，推动创新产区品牌形象
威胁 （T） 中西方葡萄酒文化的差异，增加本土化的目的地品牌形象构建难度； 国内外特色旅游目的地的兴起，加速产区市场竞争压力	ST 战略： 注重文化内涵挖掘，突出发展具有本土特色的葡萄酒旅游目的地和目的地品牌形象； 强化统筹布局，形成产区品牌形象支撑体系和发展格局	WT 战略： 借鉴国内外特色葡萄酒旅游目的地成功案例，创新产区品牌形象； 整合产区葡萄酒文创体验项目，以特色优势抢占市场份额

7.5 贺兰山东麓葡萄酒旅游目的地市场分析

7.5.1 贺兰山东麓葡萄酒旅游目的地市场细分

根据国内葡萄酒消费人群的价值取向可将其划分为具有葡萄酒文化专业认知的业内人群，经常在高档餐厅和星级饭店消费的商务人群，对葡萄酒感兴趣的新富人群和关注葡萄酒康养美容的保健人群。基于四种不同价值取向的葡萄酒消费人群，进而可以探知贺兰山东麓葡萄酒旅游目的地的市场细分情况，并将市场细分为三大类，如表7-3所示。

表7-3 贺兰山东麓葡萄酒旅游目的地消费者的需求特征分析

细分市场	需求特征	产品类型及特征
业内人士 （葡萄酒消费者、葡萄酒相关教育工作者、专家学者、品酒师、经销商等）	对葡萄酒的种类、口感、年份、产区和品牌带有专业要求，看重葡萄酒旅游目的地的品质、文化和商业价值	深度体验类（葡萄酒会展、葡萄酒品鉴交流会等）； 专业研学类（专业论坛、考察、培训班等）； 商务旅游类（特色餐饮、特色客房等）
体验者 （艺术家、文化爱好者、大学生、葡萄酒目的地旅游者等）	追求"科技＋文化＋艺术"的体验游，热爱追求葡萄酒旅游目的地新奇、刺激的事物，渴望通过场景营造、葡萄酒旅游目的地的社交等形式引发五感共鸣的葡萄酒旅游目的地产品与服务体验	深度体验类（葡萄采摘、葡萄酒酿造、休闲度假等）； 节会活动类（葡萄酒摄影展、酒标设计展、展藤节、美酒美景美食节、红酒马拉松等）； 家庭亲子类（特色餐厅、特色客房、特色体验等）； 文化体验类（研学素质拓展、亲子类研学体验等）； 微度假体验类（短距离、短时间、负担小、频次高）； 沉浸式体验类（深层次、全景式交互体验的艺术展、旅游演绎、旅游夜游等）

细分市场	需求特征	产品类型及特征
观光休闲的随机访客（周边省市旅游者、中小学生、中老年人等）	偶然而至的旅行者，进行观光浅度体验；以吃喝玩乐为目的；不住店或短期住店；注重葡萄酒的美容和保健功效	休闲观光娱乐类（葡萄园观光采摘、酿造工艺体验等）；微度假体验类（短距离、短时间、负担小、频次高）康养健身类

根据上述分析，结合产区酒庄年接待游客达 60 万人次以上，可以获知贺兰山东麓葡萄酒旅游目的地的三类市场群体仍然以业内人士为主，但是随着国内消费潜能的提升，体验者和随机访客的占比会显著提高。另外，葡萄酒旅游具有产业链长和综合复合价值高等特点，贺兰山东麓葡萄酒产业推进葡萄酒产业链延伸和跨界融合，在观光休闲的基础上发展了酒庄沉浸式体验游、酿酒品鉴、康养健身、书院研学等深层次服务项目。针对如何进一步利用酒庄旅游优势，打造葡萄酒旅游目的地，还需要进一步分析目标市场的需求体验。

7.5.2　目标市场需求体验分析

在分析贺兰山东麓葡萄酒旅游目的地的市场细分情况和消费者的需求特征基础上，查阅《中国葡萄酒旅游市场网络评论研究报告》，获知贺兰山东麓是中国线上葡萄酒旅游酒庄数量最多的产区（见图 7-2），网络热度指数在全国排名第一。因此产区目标市场的定位应该是在专业消费者和深度体验者基础上，进一步开发大众观光休闲、微度假体验消费者人群，以目前的小众市场带动和引领未来的大众市场。

基于上述分析，为满足产区目标市场多元化的需求体验，应该根据全国葡萄酒旅游目的地运营活动的八大类、105 个子类的指引（见图 7-3），向着百余种玩法的趋势，不断实现多种业态的跨界融合，从而开发目的地品牌形象的

产区酒庄数量	排名		排名		产区酒庄评论总数	携程+大众点评=总评论数
26	宁夏 1		1	北京		1269+3723=4992
17	山东 2		2	陕西		982+1365=2347 ↑ 4 UP!
14	北京 3		3	山东		505+1008=1513
14	河北 3		4	宁夏		358+247=605 ↓ 3 DOWN!
8	新疆 4		5	云南		395+155=550 ↑ 1 UP!
3	云南 5		6	河北		162+229=391
3	江苏 5		7	吉林		192+184=376
3	内蒙古 5		8	江苏		310+55=365
2	陕西 6		9	新疆		79+102=181 ↓ 5 DOWN!
2	吉林 6		10	四川		128+10=138
1	四川 7		11	甘肃		46+35=81
1	甘肃 7		12	辽宁		19
1	辽宁 7		13	内蒙古		9
1	山西 7		14	山西		3

线上酒庄数量最多的产区分别是宁夏、山东、北京、河北产区；
酒庄评论数量最多的产区分别是北京、陕西、山东产区；
北京线上酒庄数量远少于宁夏，但总体评论数遥遥领先；
各产区差距极大，评论数量最少的内蒙古和山西仅为个位数

图 7-2　全国葡萄酒产区旅游网络热度

报告中葡萄酒旅游运营活动的关键词可以分为8大类、105个子类；
其中8个大类分别是特色体验、科普观光、其他观光、拍照摄影、儿童游乐、会议团建、婚礼宴请和配套；
从子类细节可以看出，中国的葡萄酒旅游已经实现了多种业态的跨界融合。

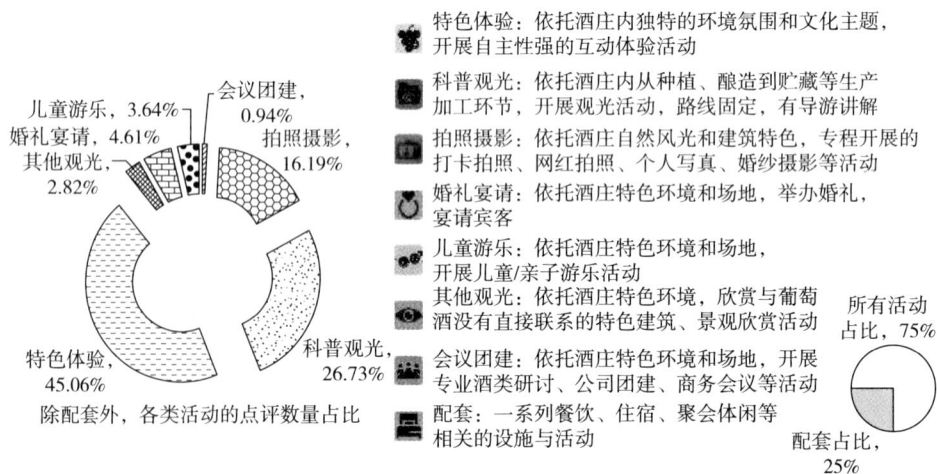

儿童游乐，3.64%
会议团建，0.94%
婚礼宴请，4.61%
拍照摄影，16.19%
其他观光，2.82%
特色体验，45.06%
科普观光，26.73%
除配套外，各类活动的点评数量占比

特色体验：依托酒庄内独特的环境氛围和文化主题，开展自主性强的互动体验活动
科普观光：依托酒庄内从种植、酿造到贮藏等生产加工环节，开展观光活动，路线固定，有导游讲解
拍照摄影：依托酒庄自然风光和建筑特色，专程开展的打卡拍照、网红拍照、个人写真、婚纱摄影等活动
婚礼宴请：依托酒庄特色环境和场地，举办婚礼，宴请宾客
儿童游乐：依托酒庄特色环境和场地，开展儿童/亲子游乐活动
其他观光：依托酒庄特色环境，欣赏与葡萄酒没有直接联系的特色建筑、景观欣赏活动
会议团建：依托酒庄特色环境和场地，开展专业酒类研讨、公司团建、商务会议等活动
配套：一系列餐饮、住宿、聚会休闲等相关的设施与活动

所有活动占比，75%
配套占比，25%

图 7-3　贺兰山东麓产区体验需求趋势——百余种玩法

跨界合作，助力贺兰山东麓葡萄酒旅游目的地成为宁夏全域旅游新晋小"瞪羚"。同时，产区热门体验活动皆不离酒，进一步挖掘目标市场消费者体验需求的偏好特征，实施产区品牌升级工程，寻找符合地域发展与特色需求的品牌元素，以此融合形成具有贺兰山东麓标识的目的地品牌形象及其衍生产品矩阵，提升产区影响力和品牌知名度。

7.6　基于文化 IP 的贺兰山东麓葡萄酒旅游目的地品牌形象构建的策略建议

分析产区葡萄酒旅游品牌形象的内外部条件和目标市场的需求体验，确定了品牌形象构建的关键要素，笔者将从品牌内涵挖掘、视觉系统设计、场景运用、衍生产品方面提出贺兰山东麓葡萄酒旅游目的地品牌形象构建的策略建议。

7.6.1　固本浚源——解读西紫品牌内涵，扫描品牌独占优势

在江南秀美的西子湖畔，我国唐代著名诗人苏轼留下千古名句："欲把西湖比西子，淡妆浓抹总相宜。"在西北号称"塞上江南，神奇宁夏"的贺兰山东麓，有集雄浑与秀美为一体的百万亩葡萄长廊。如今，贺兰山东麓这片土地大力发展葡萄酒产业，构建国际特色旅游目的地，承载着浪漫而坚守的紫色梦想。

"西紫"即"西部的紫色"，"西"有西部、丝路的寓意，"紫"借葡萄果实的颜色寓意着浪漫、神秘、华贵而幸运。"西紫"品牌是以地域为依托，打造出小西紫、西紫小老师、"水花版"西紫、"得宝版"西紫和岩羊精灵的品

牌形象，旅途中的游客可以根据自己的性格特质、兴趣爱好或心境选择相应的目的地及其衍生品。

7.6.2 系统应用——"西紫家族"品牌视觉识别系统

（1）目的地品牌核心形象——"小西紫"。"小西紫"作为年轻化的品牌形象（见图7-4），形象定位旨在号召更多人成为贺兰山葡萄酒新兴产业的实践者、生力军和传播者，以己之学，去向世界传播中国的葡萄酒文化。"小西紫"为核心的品牌形象作为新兴产区的代表，将会融合贺兰山东麓葡萄酒旅游目的地三大消费群体不同的需求特征和产区百余种玩法的体验特征，率先传播"西紫"品牌的文化内涵，引导受众对品牌角色的想象，进而去探索目的地品牌形象的外延。

图7-4 "小西紫"品牌形象

笔者将从品牌形象的"皮、肉、骨"三层内容对"小西紫"品牌形象进行解析，如表 7-4 所示。

（2）目的地品牌形象矩阵——"西紫家族"。纵观整个文旅 IP 的发展趋势，应该在单角色形象"小西紫"形象基础上延展出"西紫家族"，分别是小西紫、岩羊精灵、西紫小老师、"古风版"西紫、"水花版"西紫和"得宝版"西紫，增强葡萄酒旅游消费者对目的地品牌的印象。尽管"西紫家族"以不同的形态存在世间，但是常规形态摆脱不了"小西紫"的印记。目的地品牌形象矩阵如图 7-5 所示。

表 7-4　"小西紫"品牌形象解读

目的地品牌形象解读	目的地品牌形象内涵
皮	目的地品牌形象采用贺兰山岩羊以及"太阳神"岩画作为原型创作，融合了不同的岩画符号、葡萄符号等元素，打造出了具有高辨识度的产区品牌形象，并以此传递出葡萄酒拓荒者和追梦人勤劳果敢的形象以及葡萄酒旅游目的地的文化。 形象特点：花木兰、坚毅、勇敢、自信。 头饰：太阳神图腾和岩羊角相结合。 发色：棕黑色，为葡萄藤蔓之色，凸显自然之美。 面部：圆润可爱，像极了丰收时节新鲜、饱满的葡萄。 眼部：花木兰的眼睛，与葡萄的叶子有异曲同工之妙。 衣服样式：倒挂的酒杯，结合葡萄、岩画符号等元素
肉	"小西紫"是生长在贺兰山脚下的一个活泼开朗、朴实率真的小姑娘。或许是汲取了贺兰山东麓天地之精华，或许是受到黄河水的滋养，她天性自由奔放、崇尚自然，爱探奇、爱追梦，极富想象力和创造力。 在贺兰山上，在葡萄园里，夜幕星空下，她经常与岩羊和小动物等葡萄小精灵们一起嬉戏玩耍游戏，银铃般的笑声响彻山谷。数不清的奇思妙想，生态保护的真诚理想，敢想敢说敢干、勇于奉献吃苦的性格使她成为小精灵们的小领袖。每当葡萄丰收之时，她会率领小精灵们自酿欢庆，与果农、酒民们一起翩翩起舞。 "小西紫"更是贺兰山下年轻人好学上进、敢拼敢闯、激情向上的象征，在葡萄一年四季周而复始的生长轮回中，她谦虚好学，时而是外出学习取经的小学者，时而是田间地头的辛勤劳作者，时而为年轻儒雅的酿酒师。

目的地品牌形象解读	目的地品牌形象内涵
骨	"小西紫"品牌形象融合了贺兰山坚强不屈的风骨以及黄河海纳百川的气度，凸显出宁夏人民为建设美丽家园不惧风险、坚韧不拔的精神。 西紫小老师是衍生品牌形象之一，作为葡萄酒文化产教融合实践教学的推广大使，她手拿葡萄藤，用学识和经历向学生们讲述着葡萄酒产业如何在贺兰山东麓这片贫瘠的土壤里落地、扎根，她就像葡萄藤一样，有着勇于攀登、甘于奉献和爱岗敬业的精神。 "水花版"西紫和"得宝版"西紫是闽宁镇葡萄酒文化旅游的产物，在他们的背后体现了一代又一代生态移民者排除万难、从无到有的拓荒者精神。在政府的帮助下，经过几十年如一日的努力，闽宁镇的农民终于通过产业致富。 "古风版"西紫则是更为年轻的目的地品牌形象，她是当代年轻人个性化消费特征的典型代表，体现了宁夏贺兰山东麓葡萄酒产区的创新精神，以此来激起新一代消费者的文化共鸣，从而分享这片土地所蕴含的葡萄酒文化旅游的温度和态度。 目的地品牌形象中的葡萄藤、岩画、精灵、日月星空等演绎了贺兰山东麓独特的风土和精神文化，"春展藤、冬埋土"的四季轮作展示着葡萄酒用时间酿造的故事，呈现出"时间的力量与魅力"

图 7-5 "西紫家族"品牌形象矩阵

①岩羊精灵：贺兰山上的守护天使，性格活泼好动，古灵精怪，喜欢在悬崖峭壁上爬来爬去。

②小西紫：长相可爱甜美，但又不失花木兰的坚韧，热情、阳光、乐观向上，喜欢在葡萄园里玩耍。

③西紫小老师：手拿葡萄藤，充满威严，既是教书育人的老师，又是葡萄酒产教融合的宣传大使。

④"古风版"西紫：热情、浪漫却又非常执着，身轻如燕、婀娜多姿，是酒庄里有名的酿酒师。

⑤"水花版"西紫：以《山海情》中的"水花"为原型，她以自身的经历见证了改革开放以来，人民日益美好的生活，展现了社会主义建设的艰苦创业精神和移民精神。

⑥"得宝版"西紫：以《山海情》中的"马得宝"为原型，吃苦耐劳，虽然时常莽撞、不顾后果，但非常有商业头脑，是推动葡萄酒产业发展的领军人物。

7.6.3 主题表述——场景运用设计

"西紫家族"品牌形象矩阵的识别系统一定要放在不同的场景下表现其使用状态和角色立体化的可行性，"不同场景运用方式异同"这一主题是"西紫家族"可以持续挖掘和表达的主题，让更多葡萄酒旅游消费者在不同生活场景中找到"西紫家族"的影子。本章主要依托体验者群体提供学校、景区和酒庄三个场景的运用介绍，如表 7-5 所示。

表 7-5 "西紫家族"品牌形象运用场景

按应用场景分类	内涵
学校	学校的服务人群是学生和教师，所以场景的运用可以用于产教融合实践教学的宣传推广，作为学校与葡萄酒庄、景区、旅行社等合作的案例。 西紫小老师的形象可针对教师节、大一新生的开学季以及大四学生的毕业季，设计出一系列平面场景。同时，面对大学生群体热爱祖国、积极向上的人生价值追求，场景的应用同样可以融合红色元素

按应用场景分类	内涵
景区 （旅游综合体、主题乐园、 文化商圈、博物馆等）	景区等旅游商业实体的目的地品牌形象场景应用相较于学校更加多样，可以产教融合、葡萄酒文化旅游创新实践基地为载体，让场景的应用更具文化内涵
酒庄 （葡萄酒小镇、红酒街区、 红酒主题体验馆等）	目的地品牌形象在酒庄等场景的运用主要用于对外的营销宣传，小西紫可以作为某个酒庄的旅游品牌形象，也可以是产区的整体品牌形象，尤其是以《山海情》为原型的"水花版"西紫和"得宝版"西紫，可作为闽宁镇葡萄酒旅游产业的宣传形象

7.6.4　多元发散——文创周边产品设计

贺兰山东麓葡萄酒旅游目的地品牌 IP 化的进程不断推进，针对"西紫家族"品牌形象矩阵的应用场景，文创周边产品设计大体上分为六大类，即护肤彩妆类、生活用品类、饰品类、葡萄酒相关类、服装类和文具类，如图 7 - 6 所示。

综合考虑场景和物料实际情况，图 7 - 7 展示"西紫家族"延展到文创周边产品的实物图例，之后不同的场景和物料也同理可以延展。

7.6.5　统筹全局——目的地品牌形象实施建议

随着我国社会经济的迅速发展，市场竞争愈发激烈，未来贺兰山东麓葡萄酒旅游目的地发展的后劲不容忽视，进一步发掘目的地品牌形象的独特价值有助于促进发展力，提升竞争力。

（1）加强葡萄酒旅游目的地品牌管理和营销，提升品牌价值。宁夏各个城市共同助力贺兰山东麓葡萄酒旅游目的地的品牌管理与发展，同时各个酒庄强化产区整体品牌意识，积极交流借鉴，致力于提升生产质量和创新营销模式。在不同酒庄的葡萄酒旅游基础上，既要保留传统的葡萄酒旅游目的地品牌

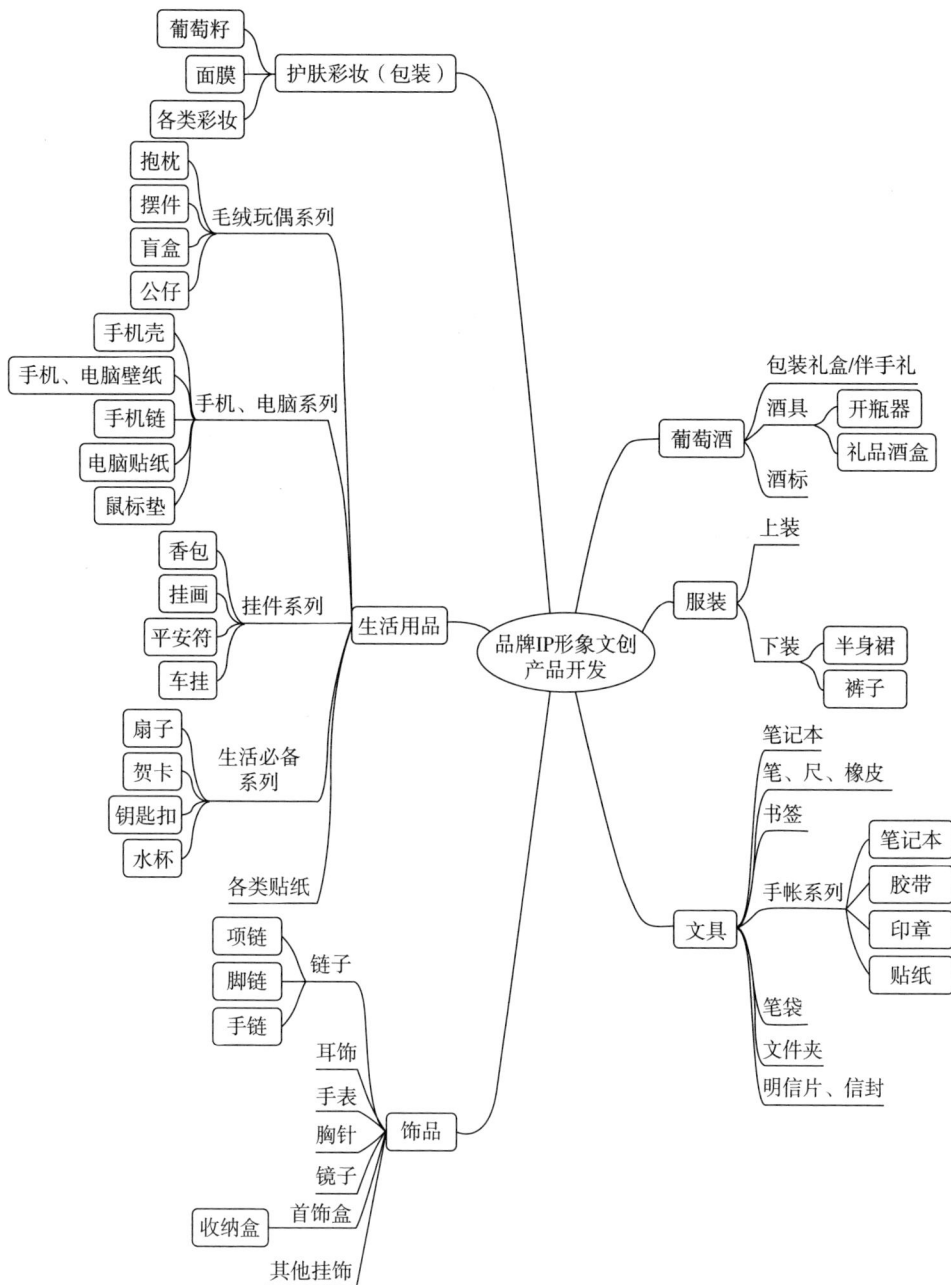

图 7-6 西紫品牌衍生的文创产品

（a）学校

（b）酒庄

（c）抱枕

（d）冰箱贴

图 7-7 西紫家族衍生的文创周边产品设计

形象，也要结合自己的葡萄酒旅游资源优势，开发独特的旅游产品。

（2）重视资源整合，满足游客多样化需求。在全域旅游背景下，整合葡萄酒旅游资源和贺兰山东麓现有旅游资源，如贺兰山岩画、镇北堡西部影视城、西夏王陵等。在重视资源整合的基础上做好文化旅游体验的研发与创新，探索和仔细区分不同梯度的需求。

（3）重视文化 IP 角色的延伸应用。文化 IP 衍生品具有良好的延展性。贺兰山东麓葡萄酒旅游目的地的品牌形象应在产品和旅游环境中得到更广泛的应用。通过对目的地品牌形象建模、品牌宣传动画、品牌宣传海报、品牌系列插图、衍生产品设计等的研究，挖掘其品牌文化 IP 的价值和实现意义，帮助贺兰山东麓葡萄酒旅游目的地的未来发展，提高文化 IP 的品牌意义。

（4）加快实现目的地品牌形象的蜕变。按照时代性的营销手段和现代人的审美，设计出符合大众审美的角色作为目的地品牌形象，赋予品牌生命力与亲和力。"小西紫"品牌形象面向年轻的消费群体，那么"西紫家族"面向的是更加广阔的葡萄酒旅游目的地消费市场，应该加快实现目的地品牌形象从产业、区域走向全国的品牌文化蜕变。

第8章 总结与展望

8.1 全书总结

本书在我国特色旅游和区域经济蓬勃发展趋势下进行特色旅游目的地品牌形象影响机制与评价研究。本书研究的结论主要包括以下四个方面。

（1）基于扎根理论的特色旅游目的地品牌形象影响因素研究。选择贺兰山东麓葡萄酒旅游案例，基于扎根理论，结合案例研究、深度访谈、直接观察、文献查阅等方法，结合特色旅游目的地品牌形象的特殊性和差异化，对目的地品牌形象及游客行为意愿等核心范畴所涉及的影响因素进行扎根分析。主要以游客及行业管理者为访谈对象，结合相关文献及网络资料来源，运用扎根理论与方法，通过开放性编码，得到影响葡萄酒旅游目的地品牌形象的七个因素：认知形象、情感形象、感知质量、感知价值、满意度、行为意愿、品牌形象提升；通过主轴编码构建了以上七个因素的基本典范模型，并梳理了各因素之间的相互关系。最后通过选择性编码提取故事线，初步构建出特色旅游目的地品牌形象的影响机制模型。

（2）基于游客视角的葡萄酒旅游目的地品牌形象影响机制研究。在影响机制验证模型基础上，以贺兰山东麓为例，实证分析得出如下结论：①特色旅游目的地整体形象中，情感形象和认知形象分别通过感知价值和感知质量对游客满意度有显著的正向影响。其中，认知形象对感知质量的影响作用要大于情感形象对感知价值的影响。②游客感知质量对满意度的直接影响作用大于感知价值，感知质量和感知价值通过满意度对其行为意愿有间接影响作用。③特色旅游目的地的情感形象对游客行为意愿的直接影响大于认知形象。④特色旅游目的地形象影响路径具有独特性。在葡萄酒旅游目的地建设初期，认知形象、感知质量作为葡萄酒旅游发展的保健因素应着重完善，而情感形象和感知价值作为葡萄酒旅游发展的激励因素应重点关注并提升。

（3）基于管理视角的特色旅游目的地品牌形象综合评价研究。结合已有的扎根研究结论和相关文献，提炼关键影响因素，构建基于管理视角的具有较高信效度的综合评价体系。本书提出三个维度，即目的地自身形象、目的地环境形象、目的地核心产品形象作为一级指标，14 个二级指标分别为自然景观、人文景观、旅游设施、信息化建设、特色文化、政治环境、经济环境、生态环境、人力资源、地方参与、管理体系、产品质量、游客满意度、产品知名度。之后针对五个不同的国内葡萄酒旅游目的地进行综合评价，得出排序结果依次为山东、宁夏、新疆、河北、甘肃。经过比较分析，提出宁夏贺兰山东麓应充分发挥自身优势，深度挖掘文化、自然等旅游资源，借助政策、人才、核心产品方面的优势，补足经济环境、信息化建设、地方参与、生态环境等方面的短板，有效整合和配置资源，加大科学规划和开发力度，提升目的地品牌形象。

（4）根据以上研究结果，提出特色旅游目的地品牌形象建设的策略建议。基于游客视角提出的主要策略建议有以下几点：①积极的游客情感和心理因素通过旅游体验来影响感知，进而产生直接的行为意愿，这有利于树立和提升特色旅游目的地品牌形象。②旅游感知质量和感知价值提升以及游客的满意度评价工作具有重要意义，需要通过满足游客期望、丰富游客体验实现游客满意度的提升。③在提高游客满意度的基础上重视忠诚度因素，培育忠诚客户，是保障目的地品牌形象不断提升的必要途径，进而融合了游客视角和管理视角。基于管理视角提出的主要策略建议为：在目的地自身形象维度，构建特色旅游目的地良好完善并独具特色的认知形象尤为重要，这是旅游目的地的核心吸引力所在。旅游设施和信息化建设是新时期实现目的地品牌形象提升、服务创新和文化传播的基础保障和必要途径。在目的地环境形象维度，特色旅游目的地管理方需要加强在政策环境、经济环境、人力资源、地方参与、管理体系、生态环境等方面的落地举措。在目的地核心产品形象维度方面，目的地核心主打产品的吸引力不容小觑。特色旅游目的地管理方需要在产品质量、产品知名度、游客满意度等方面予以足够重视。

总体来说，基于游客视角的影响机制实证分析和基于管理视角的综合评价分析可在目的地品牌形象和游客行为意愿上予以交合，特色旅游目的地在品牌形象建设过程中，需要从目的地自身形象、环境形象及核心产品形象三个维度，14个评价指标各方面认清自身优劣势，挖掘潜能，合理配置资源，经历从微观到宏观、从个体到群体、从单次到多次、从新客户到老客户的循环累积作用，不断促进品牌形象的系统提升。

8.2　研究不足与展望

本书通过对特色旅游目的地品牌形象影响因素研究，提出特色旅游目的地品牌形象建设的策略建议。但是由于个人能力有限和数据收集方面不完善，本书内容还存在不足和需要进一步研究的地方，主要包括以下三个方面：

（1）相关理论体系方面。目前，旅游目的地品牌形象相关研究的理论体系不够完善，成果零散分布于管理学、营销学、心理学、行为学等学科中，尚缺乏达成共识的理论研究体系；有关特色旅游目的地品牌形象的影响机制和评价研究的探索仍然非常匮乏，难以全面解释其内在作用机制，有关其评价方法的探究尚处于粗浅阶段；有关特色旅游目的地品牌形象的研究仍然缺乏结合具体案例情境的深入探索和系统分析。

（2）扎根理论方法运用方面。本书将扎根理论运用到旅游目的地品牌形象影响因素的分析中，运用规范的流程进行了较为系统详尽的全过程分析，但是有关理论饱和检验修正的研究过程并未详细展开。另外，本书涉及的对样本资料的编码主要运用了人工编码手段，与软件编码相结合的方式会使得结果更具科学性和客观性，是未来的研究方向。

（3）数据采集和分析方面。由于葡萄酒特色旅游产业发展尚处于初级阶段，大规模精准有效的数据采集和挖掘存在一定困难和制约。基于游客进行影响机制模型验证的数据主要通过贺兰山东麓宁夏银川市区域的旅游酒庄和旅行社向游客采集，针对区外及海外游客的样本量采集较少，后续的研究范围、目标和比例可以进一步扩大。此外，缺乏针对不同年龄、性别、职业、收入、区域等来源的游客数据分析，可在后续研究中加入相关控制变量，并对相应的测量维度和范围进行扩展，针对不同的细分市场可以展开进一步的细致研究与比较分析，从而完善整个研究体系。

参考文献

〔1〕 Afonso C. , Silva G. M. , Gonçalves H. M. , et al. The Role of Motivations and Involvement in Wine Tourists' Intention to Return: SEM and fsQCA Findings 〔J〕. Journal of Business Research, 2018 (89): 313 – 321.

〔2〕 Alcañiz E. B. , García I. S. , Blas S. S. Relationships among Residents' Image, Evaluation of the Stay and Post – purchase Behaviour 〔J〕. Journal of Vacation Marketing, 2005, 11 (4): 291 – 302.

〔3〕 Alcañiz E. B. , García I. S. , Blas S. S. The Functional – psychological Continuum in the Cognitive Image of a Destination: A Confirmatory Analysis 〔J〕. Tourism Management, 2009, 30 (5): 715 – 723.

〔4〕 Altunel M. C. , Erkurt B. Cultural Tourism in Istanbul: The Mediation Effect of Tourist Experience and Satisfaction on the Relationship between Involvement and Recommendation Intention 〔J〕. Journal of Destination Marketing & Management, 2015, 4 (4): 213 – 221.

〔5〕 Back K. J. , Parks S. C. A Brand Loyalty Model Involving Cognitive, Affective, and Conative Brand Loyalty and Customer Satisfaction 〔J〕. Journal of Hospitality & Tourism Research, 2003, 27 (4): 419 – 435.

〔6〕 Baggio R. , Sainaghi R. Mapping Time Series into Networks as a Tool to Assess the Complex Dynamics of Tourism Systems 〔J〕. Tourism Management,

2016 (54): 23 – 33.

[7] Baloglu S. A Path Analytic Model of Visitation Intention Involving Information Sources, Socio – psychological Motivations, and Destination Image [J]. Journal of Travel & Tourism Marketing, 2000, 8 (3): 81 – 90.

[8] Baloglu S., Mccleary K. W. A Model of Destination Image Formation [J]. Annals of Tourism Research, 1999, 26 (4): 868 – 897.

[9] Baloglu S., Weaver P., Mccleary K. W. Overlapping Product – benefit Segments in the Lodging Industry: A Canonical Correlation Approach [J]. International Journal of Contemporary Hospitality Management, 1998, 10 (4): 159 – 166.

[10] Barich H., Kotler P. A Framework for Marketing Image Management [J]. Sloan Management Review, 1991, 32 (2): 94 – 104.

[11] Bianchi C., Pike S. Antecedents of Destination Brand Loyalty for a Long – Haul Market: Australia's Destination Loyalty Among Chilean Travelers [J]. Journal of Travel & Tourism Marketing, 2011, 28 (7): 736 – 750.

[12] Bigne J. E., Sanchez M. I., Sanchez J. Tourism Image, Evaluation Variables and after Purchase Pehaviour: Inter – relationship [J]. Tourism Management, 2001, 22 (6): 607 – 616.

[13] Bigné J. E., Andreu L., Gnoth J. The Theme Park Experience: An Analysis of Pleasure, Arousal and Satisfaction [J]. Tourism Management, 2005, 26 (6): 833 – 844.

[14] Bitner M. J. Evaluating Service Encounters: The Effects of Physical Surroundings and Employee Responses [J]. Journal of Marketing, 1990, 54 (2): 69 – 82.

[15] Blain C., Levy S. E., Ritchie J. B. Destination Branding: Insights and Practices from Destination Management Organizations [J]. Journal of Travel Re-

search, 2005, 43 (4): 328 - 338.

[16] Bolton R. N. , Drew J. H. A Multistage Model of Customers' Assess-
ments of Service Quality and Value [J] . Journal of Consumer Research, 1991, 17
(4): 375 - 384.

[17] Bosque I. R. D. , Martin H. S. Tourist Satisfaction a Cognitive – affec-
tive Model [J] . Annals of Tourism Research, 2008, 35 (2): 551 - 573.

[18] Brady M. , Knight G. , Hult G. T. M. , et al. Removing the Contextual
lens: A Multinational, Multi – setting Comparison of Service Evaluation Models
[J] . Journal of Retailing, 2005, 81 (3): 215 - 230.

[19] Bruin A. D. , Jelincic D. A. Toward Extending Creative Tourism: Par-
ticipatory Experience Tourism [J] . Tourism Review, 2016, 71 (1): 57 - 66.

[20] Bruwer J. , Lesschaeve I. Wine Tourists' Destination Region Brand Im-
age Perception and Antecedents: Conceptualization of a Winescape Framework [J] .
Journal of Travel & Tourism Marketing, 2012, 29 (7): 611 - 628.

[21] Bruwer J. , Saliba A. , Miller B. Consumer Behaviour and Sensory Pref-
erence Differences: Implications for Wine Product Marketing [J] . Journal of Con-
sumer Marketing, 2011, 28 (1): 5 - 18.

[22] Cail A. Cooperative Branding for Rural Destinations [J] . Annals of
Tourism Research, 2002, 29 (3): 720 - 742.

[23] CamPón – Cerro A. M. , Hernández – Mogollón J. M. , Alves H. Sus-
tainable Improvement of Competitiveness in Rural Tourism Destinations: The Quest
for Tourist Loyalty in Spain [J] . Journal of Destination Marketing & Management,
2016, 6 (3): 252 - 266.

[24] Carayannis E. G. , Ferreir F. A. , Bento P. , et al. Developing a Socio –
technical Evaluation Index for Tourist Destination Competitiveness Using Cognitive

Mapping and MCDA [J]. Technological Forecasting and Social Change, 2018 (131): 147 – 158.

[25] Cardozo R. N. An Experimental Study of Customer Effort, Expectation, and Satisfaction [J]. Journal of Marketing Research, 1965, 2 (3): 244 – 249.

[26] Castro C. B., Armario E. M., Ruiz D. M. The Influence of Market Heterogeneity on the Relationship between a Destination's Image and Tourists' Future Behaviour [J]. Tourism Management, 2007, 28 (1): 175 – 187.

[27] Celotto E., Ellero A., Ferretti P. Conveying Tourist Ratings into an Overall Destination Evaluation [J]. Procedia – Social and Behavioral Sciences, 2015 (188): 35 – 41.

[28] Chang J. H., Tseng C. Y. Analyzing Google Trends with Travel Keyword Rankings to Predict Tourists into a Group [J]. Journal of Internet Technology, 2019, 20 (1): 247 – 256.

[29] Charters S., Ali – Knight J. Who is the Wine Tourist? [J]. Tourism Management, 2002, 23 (3): 311 – 319.

[30] Chen C. F., Sambath P., Jeng J. F. A Closer Look at Destination: Image, Personality, Relationship and Loyalty [J]. Tourism Management, 2013, 36 (3): 269 – 278.

[31] Chen C. F., Tsai D. C. How Destination Image and Evaluative Factors Affect Behavioral Intentions? [J]. Tourism Management, 2007, 28 (4): 1115 – 1122.

[32] Cheng Q., Su B., Tan J. Developing an Evaluation Index System for Low – carbon Tourist Attractions in China – A Case Study Examining the Xixi Wetland [J]. Tourism Management, 2013 (36): 314 – 320.

[33] Choi J. G., Tkachenko T., Sil S. On the Destination Image of Korea by

Russian Tourists [J]. Tourism Management, 2011, 32 (1): 193 – 194.

[34] Cooper C., Fletcher J. International Journal of Tourism Research [J]. International Journal of Tourism Research, 1999, 2 (4): 151 – 228.

[35] Crompton J. L. Motivations for Pleasure Vacation [J]. Annals of Tourism Research, 1979, 6 (4): 408 – 424.

[36] Cronin J. J., Brady M. K., Hult G. T. M. Assessing the Effects of Quality, Value, and Customer Satisfaction on Consumer Behavioral Intentions in Service Environments [J]. Journal of Retailing, 2000, 76 (2): 193 – 218.

[37] Cronin J. J., Taylor S. A. Measuring Service Quality: A Reexamination and Extension [J]. Journal of Marketing, 1992, 56 (3): 55 – 68.

[38] Cucculelli M., Goffi G. Does Sustainability Enhance Tourism Destination Competitiveness? Evidence from Italian Destinations of Excellence [J]. Journal of Cleaner Production, 2016 (111): 370 – 382.

[39] C. E. Shannon. A Mathematical Theory of Communication [J]. The Bell System Technical Journal, 1948, 27 (3): 379 – 423.

[40] Davidson R., Maitland R. Tourism Destinations [M]. London: Hodder & Stoughton, 1997.

[41] Deng J., Seliy S. Application of the Delphi Method to Ecotourism Destination Evaluations: A Rejoinder to Brian Garrod [J]. Journal of Ecotourism, 2012, 11 (3): 224 – 229.

[42] Diaz – Christiansen S., López – Guzmán T., Gálvez J. C. P., et al. Wetland Tourism in Natural Protected Areas: Santay Island (Ecuador) [J]. Tourism Management Perspectives, 2016 (20): 47 – 54.

[43] Dodds W. B., Monroe K. B., Grewal D. Effects of Price, Brand, and Store Information on Buyers' Product Evaluations [J]. Journal of Marketing Re-

search, 1991, 28 (3): 307 - 319.

[44] Echtner C. M. , Ritchie J. R. B. The Meaning and Measurement of Destination Image [J] . Journal of Tourism Studies, 1991 (43): 1 - 8.

[45] Edgington E. S. Review of The Discovery of Grounded Theory: Strategies for Qualitative Research [J] . Canadian Psychologist Psychologie Canadienne, 1967, 8 (4): 360 - 360.

[46] Eid R. , Elgohary H. Muslim Tourist Perceived Value in the Hospitality and Tourism Industry [J] . Journal of Travel Research, 2014, 54 (6): 774 - 787.

[47] Ekinci Y. , Hosany S. Destination Personality: An Application of Brand Personality to Tourism Destinations [J] . Journal of Travel Research, 2006, 45 (2): 127 - 139.

[48] Elliot S. , Papadopoulos N. Beyond Tourism Destination Image: Mapping Country Image from a Psychological Perspective [C] . Virginia: Travel and Tourism Research Association: Advancing Tourism Research Globally, 2016.

[49] Elliot S. , Papadopoulos N. Of Products and Tourism Destinations: An Integrative, Cross - national Study of Place Image [J] . Journal of Business Research, 2016, 69 (3): 1157 - 1165.

[50] Embacher J. , Buttle F. A Repertory Grid Analysis of Austria's Image as a Summer Vacation Destination [J] . Journal of Travel Research, 1989, 27 (3): 3 - 7.

[51] Frechtling D. C. The Tourism Satellite Account: Foundations, Progress and Issues [J] . Tourism Management, 1999, 20 (1): 163 - 170.

[52] Galloway G. , Mttchell R. , Getz D. , et al. Sensation Seeking and the Prediction of Attitudes and Behaviours of Wine Tourists [J] . Tourism Management,

2008, 29 (5): 950 – 966.

[53] Gartner W. C. Image Formation Process [J]. Journal of Travel & Tourism Marketing, 1993, 2 (2 – 3): 191 – 216.

[54] Grewal D., Monroe K. B., Krishnn R. The Effects of Price – comparison Advertising on Buyers' Perceptions of Acquisition Value, Transaction Value, and Behavioral Intentions [J]. Journal of Marketing, 1998, 62 (2): 46 – 59.

[55] Grosspietsch M. Perceived and Projected Images of Rwanda: Visitor and International Tour Operator perspectives [J]. Tourism Management, 2006, 27 (2): 225 – 234.

[56] Grönroos C. A Service Quality Model and its Marketing Implications [J]. European Journal of Marketing, 1984, 18 (4): 36 – 44.

[57] Grönroos C. Value – driven Relational Marketing: From Products to Resources and Competencies [J]. Journal of Marketing Management, 1997, 13 (5): 407 – 419.

[58] Gunn R. G., Doney J. M., Russel A. J. F. Embryo Mortality in Scottish Blackface Ewes as Influenced by Body Condition at Mating and by Post – Mating Nutrition [J]. The Journal of Agricultural Science, 1972, 79 (1): 19 – 25.

[59] Gómez M., González – Díaz B., Molina A. Priority Maps at Wine Tourism Destinations: An Empirical Approach in Five Spanish Wine Regions [J]. Journal of Destination Marketing & Management, 2015, 4 (4): 258 – 267.

[60] Gómez M., Lopez C., Molina A. A Model of Tourism Destination Brand Equity: The Case of Wine Tourism Destinations in Spain [J]. Tourism Management, 2015 (51): 210 – 222.

[61] Gómez M., Molina A. Wine Tourism in Spain: Denomination of Origin Effects on Brand Equity [J]. International Journal of Tourism Research, 2012, 14

（4）：353 – 368.

［62］ Gómez N. , Cadarso M. Á. , Monsalve F. Carbon Footprint of a University in a Multiregional Model: The Case of the University of Castilla – La Mancha ［J］ . Journal of Cleaner Production, 2016 (138)：119 – 130.

［63］ Hall C. M. , Cambourne B. , Macionis N. , et al. Wine Tourism and Network Development in Australia and New Zealand: Review, Establishment and Prospects ［J］ . International Journal of Wine Marketing, 1997, 9 (2)：5 – 31.

［64］ Hankinson G. Destination Brand Images: A Business Tourism Perspective ［J］ . Journal of Services Marketing, 2005, 19 (1)：24 – 32.

［65］ Hankinson G. The Brand Images of Tourism Destinations: A Study of the Saliency of Organic Images ［J］ . Journal of Product & Brand Management, 2004, 13 (1)：6 – 14.

［66］ Hankinson G. The Management of Destination Brands: Five Guiding Principles Based on Recent Developments in Corporate Branding Theory ［J］ . Journal of Brand Management, 2007, 14 (3)：240 – 254.

［67］ Hankinson G. , Cowking P. The Discount Revolution: Brand Strategy or Price Warfare? ［J］ . Journal of Brand Management, 1994, 1 (4)：209 – 215.

［68］ Hankinson G. , Cowking P. What do You Really Mean by a Brand? ［J］ . Journal of Brand Management, 1995, 3 (1)：43 – 50.

［69］ Hernández – Lobato L. , Solis – Radilla M. M. , Moliner – Tena M. A. , et al. Tourism Destination Image, Satisfaction and Loyalty: A Study in Ixtapa – Zihuatanejo, Mexico ［J］ . Tourism Geographies, 2006, 8 (4)：343 – 358.

［70］ Herrero á, San Martin H. , Collado J. Examining the Hierarchy of Destination Brands and the Chain of Effects between Brand Equity Dimensions ［J］ . Journal of Destination Marketing & Management, 2017, 6 (4)：353 – 362.

[71] Heskett J. Comment Made in the Lifetime Value of Customers: People, Service, Success [J] . A Video Production of the Harvard Business School Management Productions, 1994.

[72] Hong S. S. Research on Power Equipment Bidding Evaluation Combining the Entropy – Weight Method and the Electre Method [J] . Advanced Materials Research, 2011 (361 –363): 1490 –1494.

[73] Hosany S. , Martin D. Self – image Congruence in Consumer Behavior [J] . Journal of Business Research, 2012, 65 (5): 685 –691.

[74] Howard J. A. , Sheth J. N. The Theory of Buyer Behavior [J] . Journal of Marking, 1971, 35 (1): 102.

[75] Hsu C. , Cai L. A. Brand Knowledge, Trust and Loyalty—a Conceptual Model of Destination Branding [C] . International CHRIE Conference – Refereed Track, 2009.

[76] Hu H. , Zhang J. , Wang C. , et al. What Influences Tourists' Intention to Participate in the Zero Litter Initiative in Mountainous Tourism Areas: A Case Study of Huangshan National Park, China [J] . Science of The Total Environment, 2019 (657): 1127 –1137.

[77] Hultman M. , Skarmeas D. , Oghazi P. , et al. Achieving Tourist Loyalty through Destination Personality, Satisfaction, and Identification [J] . Journal of Business Research, 2015, 68 (11): 2227 –2231.

[78] Hunt J. G. , Hill J. The New Look in Motivation Theory for Organizational Research [J] . Journal of Occupational & Environmental Medicine, 1971, 13 (1): 50.

[79] Hwang C. L. , Yoon K. Methods for Multiple Attribute Decision Making [M] . Berlin: Springer Berlin Heidelberg, 1981.

［80］Im H. J. Exploratory Study of Destination Branding for the State of Oklahoma［D］. Oklahoma: Oklahoma State University, 2003.

［81］Isa S. M., Ramli L. Factors Influencing Tourist Visitation in Marine Tourism: Lessons Learned from FRI Aquarium Penang, Malaysia［J］. International Journal of Culture, Tourism and Hospitality Research, 2014, 8 (1): 103 – 117.

［82］Jiang J., Yang D. L. Lying or Believing? Measuring Preference Falsification from a Political Purge in China［J］. Comparative Political Studies, 2016, 49 (5): 600 – 634.

［83］Jones M. F., Singh N., Hsiung Y. Determining the Critical Success Factors of the Wine Tourism Region of Napa from a Supply Perspective［J］. International Journal of Tourism Research, 2013, 17 (3): 261 – 271.

［84］Jraisat L. E., Akrousa M. N., Alfaouri R. J., et al. Perceived Brand Salience and Destination Brand Loyalty from International Tourists' Perspectives: The Case of Dead Sea Destination, Jordan［J］. International Journal of Culture, 2015, 9 (3): 292 – 315.

［85］Kaplanidou K., Gibson H. J. Predicting Behavioral Intentions of Active Event Sport Tourists: The Case of a Small – scale Recurring Sports Event［J］. Journal of Sport & Tourism, 2010, 15 (2): 163 – 179.

［86］Kaplanidou K., Vogt C. The Interrelationship between Sport Event and Destination Image and Sport Tourists' Behaviours［J］. Journal of Sport & Tourism, 2007, 12 (3 – 4): 183 – 206.

［87］Keller K. L. Conceptualizing, Measuring and Managing Customer Based Brand Equity［J］. Journal of Marketing, 1993, 57 (1): 1 – 22.

［88］Kim S. E., Lee K. Y., Shin S. I., et al. Effects of Tourism Information Quality in Social Media on Destination Image Formation: The Case of Sina Weibo

[J] . Information & Management, 2017, 54 (6): 687 – 702.

[89] Kim S. S. , Morrsion A. M. Change of Images of South Korea among Foreign Tourists after the 2002 FIFA World Cup [J] . Tourism Management, 2005, 26 (2): 233 – 247.

[90] Kladou S. , Kavaratzis M. , Rigopoulou I. , et al. The Role of Brand Elements in Destination Branding [J] . Journal of Destination Marketing & Management, 2017, 6 (4): 426 – 435.

[91] Kock F. , Josiassen A. , Assaf A. G. Advancing Destination Image: The Destination Content Model [J] . Annals of Tourism Research, 2016 (61): 28 – 44.

[92] Kotler P. , Armstrong G. , Saunders J. , et al. Principles of Marketing: Third European Edition [J] . Prentice Hall, Harlow Надійшла до редакції, 2001, 12: 13.

[93] Kotler P. Marketing Management: Analysis, Planning, Implementation, and Control [M] . Englewood: Prentice Hall, 1991.

[94] Kwiesiel Ewicz M. A Note on the Fuzzy Extension of Saaty's Priority Theory [J] . Fuzzy Sets & Systems, 1998, 95 (2): 161 – 172.

[95] Laarhoven P. J. M. , Pedrycz W. A Fuzzy Extension of Saaty's Priority Theory [J] . Fuzzy Sets & Systems, 1983, 11 (1): 199 – 227.

[96] Landa R. Designing Brand Experience: Creating Powerful Integrated Brand Solutions [M] . New York: Thomson Delmar Learning, 2005.

[97] Lawrenson L. , Poole J. G. , Kim J. , et al. The Role of Age and Activity in Vascular Responsiveness [J] . Medicine & Science in Sports & Exercise, 2003, 35 (5): 397.

[98] Lawson F. , Baudbovy M. Tourism and Recreation Development, a Handbook of Physical Planning [J] . Annals of Tourism Research, 1980, 7 (2):

276 – 278.

[99] Lazare A. , Eiaenthal S. , Wasserman L. The Customer Approach to Patienthood. Attending to Patient Requests in a Walk – in Clinic [J] . Archives of General Psychiatry, 1975, 32 (5): 553 – 558.

[100] Lee H. , Lee Y. , Yoo D. The Determinants of Perceived Service Quality and its Relationship with Satisfaction [J] . Journal of Services Marketing, 2000, 14 (3): 217 – 231.

[101] Lim Y. M. , Weaver P. A. Customer – based Brand Equity for a Destination: The Effect of Destination Image on Preference for Products Associated with a Destination Brand [J] . International Journal of Tourism Research, 2014, 16 (3): 223 – 231.

[102] Liou T. S. , Wang M. J. J. Ranking Fuzzy Numbers with Integral Value [J] . Fuzzy Sets & Systems, 1992, 50 (3): 247 – 255.

[103] Marine – Roig E. , Clavé S. A. Perceived Image Specialisation in Multi-scalar Tourism Destinations [J] . Journal of Destination Marketing & Management, 2016, 5 (3): 202 – 213.

[104] Marzo – Navarro M. , Pedraja – Iglesias M. Wine Tourism Development from the Perspective of the Potential Tourist in Spain [J] . International Journal of Contemporary Hospitality Management, 2009, 21 (7): 816 – 835.

[105] Mathew P. V. , Sreejesh S. Impact of Responsible Tourism on Destination Sustainability and Quality of Life of Community in Tourism Destinations [J] . Journal of Hospitality and Tourism Management, 2017 (31): 83 – 89.

[106] Mathwick C. , Malhotra N. K. , Rigdon E. The Effect of Dynamic Retail Experiences on Experiential Perceptions of Value: An Internet and Catalog Comparison [J] . Journal of Retailing, 2002, 78 (1): 51 – 60.

[107] Mcdougall G. H., Lewesque T. Customer Satisfaction with Services: Putting Perceived Value into the Equation [J]. Journal of Services Marketing, 2000, 14 (5): 392 – 410.

[108] Mcdowall S., Ma E. An Analysis of Tourists' Evaluation of Bangkok's Performance, Their Satisfaction, and Destination Loyalty: Comparing International Versus Domestic Thai Tourists [J]. Journal of Quality Assurance in Hospitality & Tourism, 2010, 11 (4): 260 – 282.

[109] Mcwilllam G., Chernatony L. D. Branding Terminology – The Real Debate [J]. Marketing Intelligence & Planning, 1989, 7 (7/8): 29 – 32.

[110] Mendola D., Volo S. Building Composite Indicators in Tourism Studies: Measurements and Applications in Tourism Destination Competitiveness [J]. Tourism Management, 2017 (59): 541 – 553.

[111] Mody M., Day J., Sydnor S., et al. Integrating Country and Brand Images: Using the Product—Country Image Framework to Understand Travelers' Loyalty towards Responsible Tourism Operators [J]. Tourism Management Perspectives, 2017 (24): 139 – 150.

[112] Morais D. B., Lin C. H. Why do First – time and Repeat Visitors Patronize a Destination? [J]. Journal of Travel & Tourism Marketing, 2010, 27 (2): 193 – 210.

[113] Murphy P., Pritchard M. P., Smitm B. The Destination Product and its Impact on Traveller Perceptions [J]. Tourism Management, 2000, 21 (1): 43 – 52.

[114] Musa N., Noor S. M., Mohamad W., et al. Developing Destination Brand Identity: Towards Sustainability of Tourism Destination from the Perspective of Stakeholders and Theory of Social Identity [C]. International Conference on

Tourism Development, F, 2013.

[115] Muñoz – Leiav F. , Hernández – Méndez J. , Gómez – Carmona D. Measuring Advertising Effectiveness in Travel 2. 0 Websites through Eye – tracking Technology [J] . Physiology & Behavior, 2019 (200): 83 – 95.

[116] Oliver R. L. A Cognitive Model of the Antecedents and Consequences of Satisfaction Decisions [J] . Journal of Marketing Research, 1980, 17 (4): 460 – 469.

[117] Parasuraman A. Reflections on Gaining Competitive Advantage through Customer Value [J] . Journal of the Academy of marketing Science, 1997, 25 (2): 154.

[118] Parasuraman A. , Grewal D. The Impact of Technology on the Quality – value – loyalty Chain: A Research Agenda [J] . Journal of the Academy of Marketing Science, 2000, 28 (1): 168 – 174.

[119] Parasuraman A. , Zeithaml V. A. , Berry L. L. A Conceptual Model of Service Quality and its Implications for Future Research [J] . Journal of Marketing, 1985, 49 (4): 41 – 50.

[120] Parasuraman A. , Zeithaml V. A. , Berry L. L. Reassessment of Expectations as a Comparison Standard in Measuring Service Quality: Implications for Further Research [J] . Journal of Marketing, 1994, 58 (1): 111 – 124.

[121] Park C. W. , Young S. M. Consumer Response to Television Commercials: The Impact of Involvement and Background Music on Brand Attitude Formation [J] . Journal of Marketing Research, 1986, 23 (1): 11 – 24.

[122] Pawaskar P. , Goel M. A Conceptual Model: Multisensory Marketing and Destination Branding [J] . Procedia Economics and Finance, 2014 (11): 255 – 267.

[123] Pengwei W. , Linsheng Z. Tourist Willingness to Pay for Protected Area Ecotourism Resources and Influencing Factors at the Hulun Lake Protected Area [J]. Journal of Resources and Ecology, 2018, 9 (2): 174 – 181.

[124] Perić M. , Vitezić V. , Mekinc J. Comparing Business Models for Event Sport Tourism: Case Studies in Italy and Slovenia [J]. Event Management, 2019, 23 (3): 379 – 397.

[125] Petrick J. F. Development of a Multi – dimensional Scale for Measuring the Perceived Value of a Service [J]. Journal of Leisure Research, 2002, 34 (2): 119 – 134.

[126] Prayag G. Image, Satisfaction and Loyalty—The Case of Cape Town [J]. Anatolia, 2008, 19 (2): 205 – 224.

[127] Prayag G. Tourists' Evaluations of Destination Image, Satisfaction, and Future Behavioral Intentions—the Case of Mauritius [J]. Journal of Travel & Tourism Marketing, 2009, 26 (8): 836 – 853.

[128] Qu H. , Kim L. H. , Im H. H. A Model of Destination Branding: Integrating the Concepts of the Branding and Destination Image [J]. Tourism management, 2011, 32 (3): 465 – 476.

[129] Ramkissoon H. , Uysal M. The Effects of Perceived Authenticity, Information Search Behavior, Motivation and Destination Imagery on Cultural Behavioral Intentions of Tourists [J]. Current Issues in Tourism, 2011, 14 (6): 537 – 562.

[130] Ravald A. , Grönroos C. The Value Concept and Relationship Marketing [J]. European Journal of Marketing, 1996, 30 (2): 19 – 30.

[131] Ritchie J. B. Managing the Human Presence in Ecologically Sensitive Tourism Destinations: Insights from the Banff – Bow Valley Study [J]. Journal of Sustainable Tourism, 1998, 6 (4): 293 – 313.

[132] Rohrbaugh J. Operationalizing the Competing Values Approach: Measuring Performance in the Employment Service [J]. Public Productivity Review, 1981, 5 (2): 141 –159.

[133] Rust R. T., Oliver R. W. The Death of Advertising [J]. Journal of Advertising, 1994, 23 (4): 71 –77.

[134] Ryglove K., Vajcnerova I., Sacha J., et al. The Quality as a Competitive Factor of the Destination [J]. Procedia Economics and Finance, 2015 (34): 550 –556.

[135] Ryu H. Y., Kim H. S., Shim J. I. Rate Equation Analysis of Efficiency Droop in InGaN Light – emitting Diodes [J]. Applied Physics Letters, 2009, 95 (8): 1086.

[136] Sato J., Kohsaka R. Japanese Sake and Evolution of Technology: A Comparative View with Wine and its Implications for Regional Branding and Tourism [J]. Journal of Ethnic Foods, 2017, 4 (2): 88 –93.

[137] Selby M., Morgan N. J. Reconstruing Place Image: A Case Study of its Role in Destination Market Research [J]. Tourism Management, 1996, 17 (4): 287 –294.

[138] Seo S., Yun N., Kim O. Y. Destination Food Image and Intention to Eat Destination Foods: A View from Korea [J]. Current Issues in Tourism, 2014 (148): 1 –22.

[139] Shen J., Deng C., Gao X. Attraction Recommendation: Towards Personalized Tourism via Collective Intelligence [J]. Neurocomputing, 2016 (173): 789 –798.

[140] Sim T., Baker S., Bsat M. The CMU Pose, Illumination, and Expression (PIE) Database [J]. IEEE Transachons on Pattern Analysis and Machine In-

telligence, 2003, 25 (12): 1615 – 1618.

[141] Sirdeshmukh D. , Singh J. , Sabol B. Consumer Trust, Value, and Loyalty in Relational Exchanges [J] . Journal of Marketing, 2002, 66 (1): 15 – 37.

[142] Sparks B. Planning a Wine Tourism Vacation? Factors that Help to Predict Tourist Behavioural Intentions [J] . Tourism Management, 2007, 28 (5): 1180 – 1192.

[143] Spreng R. A. , Mackenzie S. B. , Olshvsky R. W. A Reexamination of the Determinants of Consumer Satisfaction [J] . Journal of Marketing, 1996, 60 (3): 15 – 32.

[144] Stephens Balakrishnan M. Strategic Branding of Destinations: A Framework [J] . European Journal of Marketing, 2009, 43 (5/6): 611 – 629.

[145] Stylidis D. , Shani A. , Belhassen Y. Testing an Integrated Destination Image Model across Residents and Tourists [J] . Tourism Management, 2017 (58): 184 – 195.

[146] Suess C. , Baloglu S. , Busser J. A. Perceived Impacts of Medical Tourism Development on Community Wellbeing [J] . Tourism Management, 2018 (69): 232 – 245.

[147] Sánchez J. , Callarisa L. , Rodriguez R. M. , et al. Perceived Value of the Purchase of a Tourism Product [J] . Tourism Management, 2006, 27 (3): 394 – 409.

[148] Tasci A. D. , Garther W. C. , Cavusgil S. T. Measurement of Destination Brand Bias Using a Quasi – experimental Design [J] . Tourism Management, 2007, 28 (6): 1529 – 1540.

[149] Tasci A. D. , Kozak M. Destination Brands vs Destination Images: Do We Know What We Mean? [J] . Journal of Vacation Marketing, 2006, 12 (4):

299 – 317.

　[150] Truong T. L. H. , Lenglet F. , Mothe C. Destination Distinctiveness: Concept, Measurement, and Impact on Tourist Satisfaction [J] . Journal of Destination Marketing & Management, 2018 (8): 214 – 231.

　[151] Usakli A. , Baloglu S. Brand Personality of Tourist Destinations: An Application of Self – congruity Theory [J] . Tourism Management, 2011, 32 (1): 114 – 127.

　[152] Valek N. S. , Williams R. B. One Place, Two Perspectives: Destination Image for Tourists and Nationals in Abu Dhabi [J] . Tourism Management Perspectives, 2018 (27): 152 – 161.

　[153] Valjarevic A. , Vukoicic D. , Valjarevic D. Evaluation of the Tourist Potential and Natural Attractivity of the Lukovska Spa [J] . Tourism Management Perspectives, 2017 (22): 7 – 16.

　[154] Vlachvei A. , Notta O. , Efterpi T. Branding Strategies in Greek Wine Firms [J] . Procedia Economics & Finance, 2012, 1 (12): 421 – 430.

　[155] Walter Schulz. Philosophie in der Veränderten Welt [M] . Klett – Cotta/J. G. Cotta'sche Buchhandlung Nachfolger, 2001.

　[156] Wang Y. , Lo H. P. , Yang Y. An Integrated Framework for Service Quality, Customer Value, Satisfaction: Evidence from China's Telecommunication Industry [J] . Information Systems Frontiers, 2004, 6 (4): 325 – 340.

　[157] Weaver P. A. , Weber K. , Mccleary K. W. Destination Evaluation: The Role of Previous Travel Experience and Trip Characteristics [J] . Journal of Travel Research, 2007, 45 (3): 333 – 344.

　[158] Woodruff R. B. Customer Value: The Next Source for Competitive Advantage [J] . Journal of the Academy of Marketing Science, 1997, 25 (2): 139.

［159］Wu H. C. , Chrng C. C. , Fusung H. An Assessment of Visitors' Behavioral Intentions in the Taiwan Tourist Night Market Using a Multilevel and Hierarchical Approach ［J］. Tourism Analysis, 2014, 19 （2）: 1544 - 1566.

［160］Wöber K. , Gretzel U. Tourism Managers' Adoption of Marketing Decision Support Systems ［J］. Journal of Travel Research, 2000, 39 （2）: 172 - 181.

［161］Xue Y. , Sun Y. The Relationship Study on Tourist Brand Recognition, Perceived Quality and Brand Loyalty of Recreational Tourisn with Nature Resources: Taking Beijing as Examples ［J］. Resources Science, 2016, 38 （2）: 344 - 352.

［162］Yang C. , Huang J. , Lin Z. , et al. Evaluating the Symbiosis Status of Tourist Towns: The Case of Guizhou Province, China ［J］. Annals of Tourism Research, 2018 （72）: 109 - 125.

［163］Yang R. , Xu Q. , Xu X. , et al. Rural Settlement Spatial Patterns and Effects: Road Traffic Accessibility and Geographic Factors in Guangdong Province, China ［J］. Journal of Geographical Sciences, 2019, 29 （2）: 213 - 230.

［164］Yee L. M. , Catheray K. L. , Ying W. A Perception Gap Investigation into Food and Cuisine Image Attributes for Destination Branding from the Host Perspective: The Case of Australia ［J］. Tourism Management, 2018 （69）: 573 - 595.

［165］Yin Y, Vanides J, Ruizprimo M A, et al. A Comparison of Two. Construct - a - Concept - Map Science Assessments: Created Linking Phrases and Selected Linking Phrases. CSE Report 624 ［J］. Us Department of Education, 2004: 30.

［166］Young T. , Thyne M. , Lawson R. Comparative Study of Tourism Perceptions ［J］. Annals of Tourism Research, 1999, 26 （2）: 442 - 445.

［167］Yuan J. , Morrison A. M. , Cai L. A. , et al. A model of Wine Tourist Behaviour: A Festival Approach ［J］. International Journal of Tourism Research,

2008, 10 (3): 207 – 219.

[168] Zeithaml C. P. , Fry L. W. Contextual and Strategic Differences among Mature Businesses in Four Dynamic Performance Situations [J] . Academy of Management Journal, 1984, 27 (4): 841 – 860.

[169] Zeng C. , Nakatoh T. , Hirokawa S. , et al. Text Mining of Tourism Preference in a Multilingual Site [J] . IEEJ Transactions on Electrical and Electronic Engineering, 2019, 14 (4): 590 – 596.

[170] Zentes J. , Morschett D. , Schrammklein H. Brand Personality of Retailers – an Analysis of its Applicability and its Effect on Store Loyalty [J] . International Review of Retail Distribution & Consumer Research, 2008, 18 (2): 167 – 184.

[171] Zhang H. M. , Cai L. P. National Image and Desination Image: Similarity and Difference of Concepts and Possibility of Integration [J] . Tourism Tribune, 2011, 26 (9): 12 – 18.

[172] Zhang H. , Fu X. , Cai L. A. , et al. Destination Image and Tourist Loyalty: A Meta – analysis [J] . Tourism Management, 2014 (40): 213 – 223.

[173] Zhang H. , Wu Y. , Buhalis D. A Model of Perceived Image, Memorable Tourism Experiences and Revisit Intention [J] . Journal of Destination Marketing & Management, 2018 (8): 326 – 336.

[174] Zhang Qi, Liu Hong. Study on Design and Research of Tourist Souvenirs on the Background of Low – carbon Economy [J] . Energy Procedia, 2011 (5): 2416 – 2420.

[175] Zhang Z. Q. , Zhang Z. L. , Law R. Relative Importance and Combined Effects of Attributes on Customer Satisfaction [J] . Service Industries Journal, 2014, 34 (6): 550 – 566.

[176] Zhao S. , Timothy D. J. Tourists' Consumption and Perceptions of Red

Heritage [J]. Annals of Tourism Research, 2017 (63): 97 – 111.

[177] Zhongliang Yue. An Extended TOPSIS for Determining Weights of Decision Makers with Interval Numbers [J]. Knowledge – Based Systems, 2011, 24 (1): 146 – 153.

[178] Zuo B., Li L. Resource Reallocation and Heterogeneous Productivity Growth in the Tourism Industry [J]. Journal of China Tourism Research, 2018, 14 (3): 370 – 391.

[179] Celine LI (李润). 旅游目的地形象对法国青年游客旅华推荐意愿的影响研究——以北京为例 [D]. 浙江大学硕士学位论文, 2014.

[180] 安传艳, 李同昇. 1992 – 2016 年中国乡村旅游研究特征与趋势——基于 CiteSpace 知识图谱分析 [J]. 地理科学进展, 2018 (9): 30 – 44.

[181] 白丹, 马耀锋, 刘军胜. 基于扎根理论的世界遗产旅游地游客感知评价研究——以秦始皇陵兵马俑景区为例 [J]. 干旱区资源与环境, 2016 (6): 198 – 203.

[182] 白凯. 旅游后悔心理的后续行为表现研究 [J]. 旅游学刊, 2009 (2): 36 – 40.

[183] 保继刚. 旅游开发研究: 原理·方法·实践 [M]. 北京: 科学出版社, 1996.

[184] 蔡国良, 陈瑞, 赵平. 消费者产品知识和信息推荐代理对品牌忠诚度的影响研究 [J]. 中国软科学, 2016 (10): 123 – 134.

[185] 曹晶晶, 章锦河, 周珺, 等. "远方"有多远? ——感知距离对旅游目的地选择行为影响的研究进展 [J]. 旅游学刊, 2018 (7): 103 – 118.

[186] 柴寿升, 郑玮. 全域旅游思维下旅游目的地品牌构建影响因素评价研究——以青岛为例 [J]. 扬州大学学报 (人文社会科学版), 2017 (5): 80 – 89.

［187］常小艳．昆明旅游目的地品牌形象影响因素研究［D］．昆明：昆明理工大学硕士学位论文，2018.

［188］陈航，王跃伟．基于旅游者情感的目的地品牌评价研究——以互联网旅游日记为例［J］．人文地理，2018（2）：154－160.

［189］陈向明．扎根理论的思路和方法［J］．教育研究与实验，1999（4）：58－63.

［190］陈奕滨，胡璟，黄曦晓．不确定性规避对游客旅游目的地形象感知的影响研究：以张家界为例［J］．旅游科学，2012（3）：42－53.

［191］陈雨生，吉明，冯昕．基于扎根理论的海水稻育种推广机制研究［J］．中国软科学，2018（11）：163－171.

［192］陈章跃，王勇，刘华明．考虑顾客策略行为和产品质量的闭环供应链决策模型［J］．中国管理科学，2016（3）：109－116.

［193］范钧，邱宏亮，吴雪飞．旅游地意象、地方依恋与旅游者环境责任行为——以浙江省旅游度假区为例［J］．旅游学刊，2014（1）：55－66.

［194］范秀成．品牌权益及其测评体系分析［J］．南开管理评论，2000（1）：9－15.

［195］冯英杰，吴小根，张宏磊，等．江苏省水利风景区时空演变及其影响因素［J］．经济地理，2018，38（7）：217－224.

［196］高静．旅游目的地形象、定位及品牌化概念辨析与关系模型［J］．旅游学刊，2009（2）：25－29.

［197］郭安禧，黄福才，杨晶，等．目的地形象对感知吸引力及重游意向的影响——以厦门市为例［J］．旅游科学，2015（6）：50－67.

［198］国家旅游局．中国旅游发展报告（2016）［R］．2016.

［199］国务院．“十三五”旅游业发展规划［R］．2016.

［200］国务院办公厅．关于促进全域旅游发展的指导意见［Z］．2018.

［201］韩春鲜．旅游感知价值和满意度与行为意向的关系［J］．人文地理，2015（3）：137 - 144.

［202］韩卢敏，李爽．民间信仰文化旅游资源分类与评价——以闽台地区为例［J］．亚太经济，2004（1）：95 - 96.

［203］侯兵，黄震方，徐海军．文化旅游的空间形态研究——基于文化空间的综述与启示［J］．旅游学刊，2011（3）：70 - 77.

［204］胡抚生．旅游目的地形象对游客推荐意愿、支付意愿的影响研究：以杭州为例［D］．杭州：浙江大学硕士学位论文，2009.

［205］黄静，朱丽娅，周南．企业家微博信息对其形象评价的影响机制研究［J］．管理世界，2014（9）：107 - 119.

［206］黄炜，孟霏，朱志敏，等．旅游演艺产业内生发展动力的实证研究——以张家界为例［J］．旅游学刊，2018（6）：87 - 98.

［207］黄震方，祝晔，袁林旺，等．休闲旅游资源的内涵、分类与评价——以江苏省常州市为例［J］．地理研究，2011（9）：1543 - 1553.

［208］江金波，赫瑞娜．基于结构方程模型的城市旅游形象影响路径研究——以西安市为例［J］．人文地理，2015（3）：130 - 136.

［209］蒋廉雄，卢泰宏．形象创造价值吗？——服务品牌形象对顾客价值—满意—忠诚关系的影响［J］．管理世界，2006（4）：106 - 114 + 129.

［210］焦玲玲，章锦河，刘丽．基于 IPA 理论的会展旅游目的地形象研究——以苏州市为例［J］．资源开发与市场，2011（10）：954 - 956.

［211］金鹏，卢东，曾小乔．中国红色旅游研究评述［J］．资源开发与市场，2017（6）：764 - 768.

［212］李君轶，张妍妍．大数据引领游客情感体验研究［J］．旅游学刊，2017（9）：9 - 10.

［213］李满，安国山．顾客感知价值与感知质量、品牌形象、顾客体验

的关系简析［J］．生产力研究，2008（22）：149-150.

［214］李岩，顾涛．论民俗旅游的文化视阈［J］．广西师范大学学报（哲学社会科学版），2016（6）：63-66.

［215］李梓雯，彭璐铭．依托国家森林公园发展森林康养旅游的探讨——以浙江雁荡山国家森林公园为例［J］．林产工业，2017（11）：56-59.

［216］梁明珠，刘志宏．城市人工湿地景区休闲游憩价值评价——以广州市南沙湿地公园为例［J］．城市问题，2014（7）：37-42.

［217］林富强，李晶晶，于立芝．烟台葡萄酒文化旅游发展探析［J］．酿酒科技，2018（3）：124-128.

［218］林妙花，陶卓民，沙润．国内外科技旅游的发展及研究综述［J］．改革与战略，2009（2）：183-186.

［219］刘敬严．顾客感知价值决定要因与关系质量的影响研究［J］．软科学，2008（5）：18-22.

［220］刘丽娟，李天元．国外旅游目的地品牌化研究现状与分析［J］．人文地理，2012（2）：26-31.

［221］刘丽娟，吕兴洋．基于消费者的旅游目的地品牌资产研究——以呼和浩特市为例［J］．干旱区资源与环境，2016（10）：204-208.

［222］刘培德．基于模糊多属性决策的企业信息化水平评价方法与应用研究［D］．北京：北京交通大学博士学位论文，2009.

［223］卢杰，闫利娜．乡村文化旅游综合体与新型城镇化耦合度评价模型构建——以江西省为例［J］．企业经济，2017（7）：118-124.

［224］陆朋．基于游客感知的旅游目的地品牌形象研究——以湖北省武汉市为例［J］．社会科学家，2015（5）：94-98.

［225］罗芬，钟永德．三十年旅游发展对国有林场的影响研究［J］．中

南林业科技大学学报，2014（5）：107 – 112.

[226] 罗斯怡. 中国葡萄产业及其旅游开发研究［D］. 武汉：湖北大学硕士学位论文，2017.

[227] 马东跃. 城市旅游品牌化策略研究［J］. 中外企业家，2013（3）：10 – 11.

[228] 马向阳，杨颂，汪波. 大陆游客涉入度与文化认同对台湾旅游目的地形象的影响［J］. 资源科学，2015，37（12）：2394 – 2403.

[229] 牟雪洁，赵昕奕，饶胜，等. 青藏高原生态屏障区近10年生态系统结构变化研究［J］. 北京大学学报（自然科学版），2016（2）：279 – 286.

[230] 聂雁蓉. 京津地区特色小镇游客环境感知度评价［D］. 沈阳农业大学，2018.

[231] 宁夏回族自治区人民政府办公厅. 宁夏贺兰山东麓葡萄酒产区列级酒庄评定管理办法［Z］. 2016.

[232] 彭华. 关于旅游地文化开发的探讨［J］. 旅游学刊，1998（1）：42 – 45.

[233] 彭婉婷，刘文倩，蔡文博，等. 基于参与式制图的城市保护地生态系统文化服务价值评价——以上海共青森林公园为例［J］. 应用生态学报，2019（2）：439 – 448.

[234] 钱佳，汪德根，牛玉. 城市创意旅游资源分类、评价及空间分异——以苏州中心城区为例［J］. 经济地理，2014（9）：172 – 178.

[235] 曲颖，李天元. 旅游目的地形象、定位和品牌化：概念辨析和关系阐释［J］. 旅游科学，2011，25（4）：10 – 19 + 48.

[236] 任唤麟. 培根旅游观及其对研学旅游的启示［J］. 旅游学刊，2018（9）：145 – 150.

[237] 沈鹏熠. 旅游企业社会责任对目的地形象及游客忠诚的影响研究

［J］．旅游学刊，2012（2）：72－79．

［238］沈雪瑞，李天元，臧德霞．旅游目的地品牌象征性意义对到访意向的影响研究［J］．旅游学刊，2016（8）：102－113．

［239］施涛，苑双杰，李忆．组织学习影响顾客满意度——创新的中介与领导风格的调节作用［J］．软科学，2018（10）：75－79．

［240］寿东奇，姜洪涛，章锦河，等．求新动机对游客重游意愿的调节作用研究——以西塘古镇为例［J］．地理科学，2017（1）：130－137．

［241］舒伯阳，马勇．内地与香港旅游业跨区域协作的实施途径分析［J］．世界地理研究，1999（2）：88－92．

［242］粟路军，黄福才．旅游者形象感知影响因素及其对忠诚影响［J］．商业经济与管理，2010（6）：80－88．

［243］谭学瑞，邓聚龙．灰色关联分析：多因素统计分析新方法［J］．统计研究，1995（3）：46－48．

［244］唐鸣镝．历史文化名城旅游协同思考——基于"历史性城镇景观"视角［J］．城市规划，2015（2）：99－105．

［245］陶然．入境游客视角下的历史文化名城旅游形象评价及提升策略——以扬州为例［D］．扬州：扬州大学硕士学位论文，2017．

［246］陶卓民，林妙花，沙润．科技旅游资源分类及价值评价［J］．地理研究，2009（2）：524－535．

［247］汪京强，林静远，李丹．旅游目的地品牌个性认知机制探索及应用：以一项大学生游客 ERP 实验为例［J］．南开管理评论，2018（4）：206－218．

［248］王斌，武春友．景区形象对游客忠诚影响的实证研究［J］．管理评论，2011（11）：83－91．

［249］王纯阳，屈海林．旅游动机、目的地形象与旅游者期望［J］．旅

游学刊，2013（6）：26 – 37.

[250] 王克军，马耀峰 . 旅游者情感动机的实证研究 [J] . 地理与地理信息科学，2015（3）：111 – 117.

[251] 王磊，刘家明，李涛，等 . 葡萄酒旅游研究的国际进展及启示 [J] . 旅游学刊，2018（10）：117 – 126.

[252] 王庆生，张亚州 . 文化旅游目的地可持续发展竞争力评价研究——天津"五大道"案例 [J] . 地域研究与开发，2017（2）：83 – 88.

[253] 王永贵 . 服务质量、顾客满意与顾客价值的关系剖析——基于电信产业的整合框架 [J] . 武汉理工大学学报（社会科学版），2002（6）：579 – 587.

[254] 韦福祥 . 顾客感知服务质量与顾客满意相关关系实证研究 [J] . 天津商业大学学报，2003（1）：21 – 25.

[255] 翁李胜 . 中国体育旅游研究进展：基于文献计量的分析 [J] . 中国体育科技，2018（6）：12 – 19.

[256] 吴晶，马耀峰，郑鹏 . 游客感知与旅游地形象、满意度和忠诚度的关系研究——以西安为例 [J] . 旅游论坛，2011（4）：43 – 47.

[257] 吴小天 . 国外旅游目的地品牌化研究回顾与展望 [J] . 旅游科学，2014（4）：15 – 28.

[258] 吴雪飞 . 旅游目的地形象、网络口碑与顾客忠诚的关系 [J] . 沈阳师范大学学报（社会科学版），2010（4）：37 – 40.

[259] 谢礼珊，韩小芸，顾赟 . 服务公平性、服务质量、组织形象对游客行为意向的影响——基于博物馆服务的实证研究 [J] . 旅游学刊，2007（12）：51 – 58.

[260] 谢若龄，吴必虎 . 30 年境内外宗教旅游研究综述 [J] . 旅游学刊，2016（1）：111 – 125.

［261］谢彦君，马天，卫银栋．宣传片，在线评论和游记对目的地形象改变的实证研究——以大学生对台湾旅游形象认知变化为例［J］．北京第二外国语学院学报，2014（1）：77－84.

［262］许春晓，莫莉萍．旅游目的地品牌资产驱动因素模型研究——以凤凰古城为例［J］．旅游学刊，2014（7）：77－87.

［263］许峰，李帅帅．南疆地区目的地形象与旅游者行为意向——感知价值与心理距离的中介作用［J］．经济管理，2018（1）：158－173.

［264］许世伟．法国旅游的讲述之道［J］．旅游学刊，2018（11）：3－4.

［265］杨晶，李先国，陈宁颉．在线品牌社区情境下顾客参与对顾客购买意愿的影响机制研究［J］．中国软科学，2017（12）：116－126.

［266］杨永德，白丽明，苏振．旅游目的地形象的结构化与非结构化比较研究——以阳朔旅游形象测量分析为例［J］．旅游学刊，2007（4）：53－57.

［267］叶芳芳．基于游客感知的历史街区旅游形象评价研究——以扬州市东关街为例［D］．南京：东南大学硕士学位论文，2017.

［268］殷杰，郑向敏．高聚集游客群安全的影响因素与实现路径——基于扎根理论的探索［J］．旅游学刊，2018（7）：133－144.

［269］苑炳慧，辜应康．基于顾客的旅游目的地品牌资产量表开发与验证［J］．旅游科学，2016（4）：46－60.

［270］臧德霞，黄洁．国外旅游目的地形象研究综述——基于 Tourism Management 和 Annals of Tourism Research 近 10 年文献［J］．旅游科学，2007（6）：12－19.

［271］张宝生，张庆普．基于扎根理论的社会化问答社区用户知识贡献行为意向影响因素研究［J］．情报学报，2018（10）：1034－1045.

［272］张高军．中国内文化群体旅游目的地形象认知的比较研究［D］．西安：陕西师范大学博士学位论文，2016.

［273］张红梅，宋莉，沈杨．中国葡萄酒文化旅游发展战略研究——以宁夏贺兰山东麓为例［J］．干旱区资源与环境，2014（5）：197－202.

［274］张宏梅，陆林，章锦河．感知距离对旅游目的地之形象影响的分析——以五大旅游客源城市游客对苏州周庄旅游形象的感知为例［J］．人文地理，2006，21（5）：25－30.

［275］张宏梅，陆林．游客涉入对旅游目的地形象感知的影响——盎格鲁入境旅游者与国内旅游者的比较［J］．地理学报，2010（12）：1613－1623.

［276］张桥贵，孙浩然．宗教旅游的类型、特点和开发［J］．世界宗教研究，2008（4）：128－139.

［277］张市芳．几种模糊多属性决策方法及其应用［D］．西安：西安电子科技大学博士学位论文，2012.

［278］章凯，李朋波，罗文豪，等．组织—员工目标融合的策略——基于海尔自主经营体管理的案例研究［J］．管理世界，2014（4）：124－145.

［279］郑鹏．旅游地认知形象中功能性—心理性属性对旅游者游后行为的影响——以西安欧美旅游者为例［J］．资源科学，2012（5）：948－955.

［280］周富广．对开发闽台民间信仰文化旅游的思考［J］．资源开发与市场，2008（1）：89－91.

［281］周灵，王晓文，尹春．试论民俗旅游资源分类体系的构建［J］．福建农林大学学报（哲学社会科学版），2013（4）：78－81.

［282］周年兴，沙润．旅游目的地形象的形成过程与生命周期初探［J］．地理与地理信息科学，2001（1）：55－58.

［283］周笋芳．自驾车旅游目的地形象塑造与品牌推广研究——以泰顺

畲风云谷自驾车旅游目的地为例［D］．杭州：浙江工商大学硕士学位论文，2015.

　　［284］朱茜．目的地形象对旅游者重游意愿的影响研究——以凤凰古城为例［D］．长沙：湖南师范大学硕士学位论文，2011.

附　录

附录1　第3章访谈提纲

《特色旅游目的地品牌形象影响与评价——以贺兰山东麓为例》访谈提纲

1. 您认为宁夏以葡萄产业旅游为特色打造国际特色旅游目的地是否可行？为什么？

2. 宁夏作为葡萄（酒）特色旅游目的地具有哪些优势和劣势？

3. 您认为在以葡萄产业旅游为特色的旅游目的地形象构建中，哪些因素不容忽视？（可以分宏观和微观两方面来讲，也可针对某一项深谈）

4. 在葡萄酒庄旅游中，基础设施、建筑风格、葡萄园风貌，葡萄酒品质和服务质量、文化内涵这些因素，您更看中哪一方面？为什么？

5. 您认为葡萄（酒）旅游目的地的认知形象和情感形象分别都表现为哪些形态？您认为哪个更重要，哪一个形象使您更愿意重游或推荐？

6. 可否讲讲您最难忘的一次酒庄旅游经历（或参与有关葡萄产业旅游活动的经历），在经历体验后是否愿意再来（重游），重游或推荐的理由是？

7. 在"互联网＋"时代，您怎样看待葡萄产业旅游与智慧化、信息化手段的结合？

8. 在全域旅游、大众旅游、大健康旅游时代，您怎样看待葡萄产业旅游与健康服务产业的融合？

注：可挑选您最想回答或便于回答的问题给予答复，请至少回答4项。最好以陈述稿形式展现（字数不限），谢谢您的付出。

访谈调研人：作者

附录2　第3章76篇扎根分析文献目录

文献分类目录

葡萄酒旅游

[1] 董峰，林富强，张文丽等.基于消费者偏好的烟台葡萄酒文化旅游发展研究［J］.农学学报，2019（3）：95－100.

[2] 曾春水，王磊，王灵恩.贺兰山东麓地区葡萄酒旅游产业创新发展路径研究［J］.北方园艺，2019（3）：167－175.

[3] 周敏慧.区域葡萄酒旅游开发和管理研究综述［J］.旅游纵览（下半月），2018（12）：148－149.

[4] 王磊.全域旅游背景下宁夏葡萄酒旅游发展［J］.北方园艺，2018（19）：166－171.

[5] 张文丽，王宇，董峰，等.基于问卷调查的烟台葡萄酒文化旅游消费影响因素分析［J］.酿酒科技，2018（10）：126－131＋138.

[6] 万小雪，王一陈，郭士丽，等.个性化服务对葡萄酒旅游体验价值的影响及实现路径研究［J］.现代营销（下旬刊），2018（8）：147－148.

[7] 高秀云.贺兰山东麓葡萄酒产区游客动机及行为特征研究［D］.银川：宁夏大学硕士学位论文，2018.

[8] 徐颖.宁夏贺兰山东麓"葡萄酒旅游"的研究分析［D］.咸阳：西北农林科技大学硕士学位论文，2017.

[9] 张琰.精准扶贫背景下桓仁葡萄酒文化旅游产业链创新研究［D］.沈阳：沈阳师范大学硕士学位论文，2017.

[10] 陈朵灵，项怡娴.美食旅游研究综述［J］.旅游研究，2017（2）：77－87.

[11] David Picard, Catarina Moreira, 撒露莎.风土营销：葡萄酒旅游经济［J］.中南民族大学学报（人文社会科学版），2017（1）：77－80.

[12] 张红梅，梁昌勇，徐健等.特色旅游目的地形象对游客行为意愿的影响机制研究——以贺兰山东麓葡萄产业旅游为例［J］.中国软科学，2016（8）：50－61.

[13] 李昀霏，李陇堂.红寺堡地区葡萄酒旅游发展研究［J］.北方园艺，2016（10）：170－174.

[14] 庄昌翔.旅游融入葡萄酒庄景观规划设计探索［D］.银川：宁夏大学硕士学位论文，2016.

[15] 董燕彪，龚小梅，孟庆新.宁夏贺兰山东麓葡萄酒旅游产业发展存在的问题及对策［J］.宁夏农林科技，2015（9）：52－53.

[16] 韩硕.贺兰山东麓葡萄酒休闲旅游开发探究——基于全球化背景下［J］.北方经贸，2015（3）：204－206.

[17] 张红梅，宋莉，沈杨.中国葡萄酒文化旅游发展战略研究——以宁夏贺兰山东麓为例［J］.干旱区资源与环境，2014（5）：197－202.

葡萄酒旅游

［18］尹微，苏晓光．澳大利亚葡萄酒旅游业的发展及其启示［J］．世界农业，2014（1）：116－118.

［19］翟雨芹．国外工业旅游规划研究——以澳大利亚葡萄酒旅游规划为例［J］．旅游纵览（下半月），2013（8）：66－67.

［20］车晓君．基于游客创意体验的葡萄酒旅游产品开发——以烟台张裕葡萄酒旅游为例［D］．北京：首都师范大学硕士学位论文，2013.

［21］车晓君，张胜男，张迈．葡萄酒旅游创意体验研究［J］．旅游论坛，2013（1）：81－86.

［22］陈蜓，孙红梅，孙晓锋．关于宁夏贺兰山东麓葡萄酒旅游的几点思考［J］．甘肃农业，2012（12）：20－22.

［23］张红梅，宋莉，孙红梅．贺兰山东麓葡萄酒旅游开发模式初探［J］．中国林业经济，2012（5）：4－7.

［24］高伟，陈宇平．我国葡萄酒旅游消费者需求调查［J］．中外葡萄与葡萄酒，2011（12）：104－109.

［25］江志国，张春芝．贺兰山东麓地区葡萄酒旅游资源综合评价［J］．酿酒科技，2011（7）：126－128＋135.

［26］梁新红，杨大光，焦宝硕．中国葡萄酒文化旅游资源类型分析［J］．酿酒科技，2010（10）：103－106.

［27］张萍，王爱红．体验式葡萄酒旅游产品开发研究［J］．酿酒科技，2009（9）：131－132＋135.

［28］詹婷婷．基于酒庄的葡萄酒旅游者行为研究［D］．北京：首都师范大学硕士学位论文，2009.

旅游目的地

［29］史云．基于企业文化的工业旅游开发研究——以张裕葡萄酒文化旅游为例［D］．济南：山东大学硕士学位论文，2008.

［30］柳敏．论体验经济时代的葡萄酒体验旅游［J］．商场现代化，2006（30）：227.

［31］李世泰，魏清泉，李庆志等．葡萄酒旅游开发研究——以烟台张裕葡萄酒旅游为例［J］．经济地理，2005（1）：139－142.

［32］葛学峰．旅游目的地选择意向影响因素研究［D］．大连：大连理工大学博士学位论文，2012.

［33］吴小天．旅游目的地品牌化治理中的政府角色定位研究［D］．天津：南开大学博士学位论文，2013.

［34］程鹏飞．游览前目的地形象对游客感知服务质量的影响——游客专业知识的调节效应［J］．旅游学刊，2018（2）：57－66.

［35］杨森甜，李君轶，杨敏．美食对游客情感与满意度的影响研究——以赴西安的西南地区游客为例［J］．西北大学学报（自然科学版），2018（3）：441－448.

［36］孙晓东，倪荣鑫．中国邮轮游客的产品认知、情感表达与品牌形象感知——基于在线点评的内容分析［J］．地理研究，2018（6）：1159－1180.

［37］李艳娟．旅游目的地品牌个性对旅游者行为倾向影响的实验研究——以鼓浪屿为例［D］．泉州：华侨大学硕士学位论文，2016.

［38］詹杜颖．品牌效应下的特色小镇构建研究［D］．杭州：浙江工业大学博士学位论文，2016.

［39］王晞．旅游目的地形象的提升研究——以桂林为例［D］．上海：华东师范大学博士学位论文，2006.

［40］郑文俊．旅游视角下乡村景观价值认知与功能重构——基于国内外研究文献的梳理［J］．地域研究与开发，2013（1）：102－106.

［41］王纯阳，屈海林．旅游动机、目的地形象与旅游者期望［J］．旅游学刊，2013（6）：26－37.

旅游目的地

[42] 曲颖，李天元．国外近十年旅游目的地游客忠诚研究综述［J］．旅游学刊，2010（1）：86－94．

[43] 黄玉理，黄英．旅游者重游决策影响因素的实证研究［J］．成都大学学报（自然科学版），2010（4）：361－364．

[44] 黄鹂，李启庚，贾国庆．旅游购物体验要素对顾客价值及其满意和购买意向的影响［J］．旅游学刊，2009（2）：41－45．

[45] 柴海燕．旅游地网络口碑对消费行为的影响及营销对策［J］．中国地质大学学报（社会科学版），2009（6）：104－107．

[46] 高慧君，李君轶．基于微博大数据的游客情感与气候舒适度关系研究——以西安市国内游客为例［J］．陕西师范大学学报（自然科学版），2017（1）：110－117．

[47] 许春晓，万博微．旅游目的文化氛围、游客情感与游客忠诚的关系——以凤凰古城为例［J］．湖南财政经济学院学报，2017（1）：55－62．

[48] 李晓明，周轩，徐明．旅游审美判断对目的地形象生成的作用机制研究［J］．财贸研究，2017（5）：100－110．

[49] 李君轶，张妍妍．大数据引领游客情感体验研究［J］．旅游学刊，2017（9）：8－9．

[50] 刘智兴，马耀峰，李森，等．基于游客感知—认知的北京市旅游形象影响因素评价研究［J］．干旱区资源与环境，2015（3）：203－208．

[51] 刘丹萍，金程．旅游中的情感研究综述［J］．旅游科学，2015（2）：74－85．

[52] 韩春鲜．旅游感知价值和满意度与行为意向的关系［J］．人文地理，2015（3）：137－144＋150．

[53] 苑炳慧，辜应康．基于顾客的旅游目的地品牌资产结构维度——扎根理论的探索性研究［J］．旅游学刊，2015（11）：87－98．

[54] 陈晔，李天元，赵帆．目的地网络界面对旅游者体验及品牌形象的影响［J］．旅游学刊，2014，29（10）：31－41．

[55] 黄臻．基于游客情感诉求的食品伴手礼包装设计［J］．黄山学院学报，2015（6）：23－26．

[56] 张巧莲．负面新闻对旅游目的地认知形象的影响［J］．新闻战线，2015（22）：78－79．

[57] 涂海丽，唐晓波．基于在线评论的游客情感分析模型构建［J］．现代情报，2016（4）：70－77．

[58] 周杨，何军红，荣浩．我国乡村旅游中的游客满意度评估及影响因素分析［J］．经济管理，2016（7）：156－166．

[59] 龙鸥．体验性乡村旅游游客感知价值影响因素及其营销策略研究［J］．农业经济，2016（10）：46－48．

贺兰山东麓葡萄酒

[60] 李乾．探秘宁夏首家葡萄酒主题酒店［EB/OL］．V商务，https：//mp. weixin. qq. com/s? src = 11&timestamp = 1622684768&ver = 3107&signature = HXWzsBQoXZMVgttUOpe7qtCfaF4Z8DwIcAmwj5 pY-Pya4cj0Zv－EppgEV1uOtOsHSTtpCTbOqU09TsneOoAPSjnjqFPTHlgdFJcBZblJqJIJhcorl GKJZF8WXt6Ebxwpr& new = 1，2018－06－26．

[61] 张红梅．健康休闲：葡萄旅游体验［J］．新商务周刊，2017（8）：23－25．

[62] 源石酒庄．一根葡萄藤串联一二三产业跨界融合［N］．中国人的葡萄酒庄，2018－09－18

[63] 杜萍．打造一流的葡萄酒都让宁夏葡萄酒红遍世界［N］．中国县域经济报，2012－01－05（007）．

[64] 赤耳．小酒庄，大产区［N］．宁夏日报，2014－09－26（003）．

[65] 宁夏葡萄与葡萄酒产业发展联盟成立［N］．华夏酒报，2015－08－18（A17）．

[66] 吴宏林．打造葡萄全产业链，宁夏如何发力［N］．宁夏日报，2015－02－06（003）．

贺兰山东麓葡萄酒

［67］W. Blake Gray. 宁夏有望成为中国的纳帕谷［N］. 华夏酒报，2014 – 11 – 04（A02）.

［68］吴宏林. 宁夏模式能否书写中国"紫色传奇"［N］. 宁夏日报，2014 – 10 – 22（009）.

［69］王磊. 对宁夏发展葡萄酒旅游的建议［N］. 中国旅游报，2016 – 05 – 04（C02）.

［70］马光远. 中国葡萄酒产区中，为什么贺兰山东麓距离"东方波尔多"更近？［N］. 企业家日报，2017 – 12 – 16（A03）.

［71］王莹. 宁夏葡萄产业发展局七项措施支持酒庄打响品牌［EB/OL］. 葡萄酒信息网，http：// www. winechina. com/html/2018/03/201803294315. html，2018 – 03 – 27.

［72］王莹. 2018 宁商（上海）大会贺兰山东麓葡萄酒引关注［EB/OL］. 中国葡萄酒新闻网，ht-tp：//www. winechina. com/html/2018/05/201805294826. html，2018 – 05 – 10.

［73］王莹. 宁夏产区夺得 Decanter 世界葡萄酒大赛中国奖牌榜首位［EB/OL］. 宁夏新闻网，ht-tp：//www. nxnews. net/yc/jrww/201805/t20180530_ 4516420. html，2018 – 05 – 30.

［74］宁夏回族自治区贺兰山东麓葡萄酒产区保护条例［N］. 宁夏日报，2012 – 12 – 13（011）.

［75］Jancis Robinson. 宁夏葡萄酒正在崛起［N］. 华夏酒报，2012 – 11 – 20（A02）.

［76］宗时风. 贺兰山东麓葡萄与葡萄酒发展高峰论坛专家发言摘要［N］. 宁夏日报，2012 – 08 – 31（004）.

附录3 第3章表3-5开放编码第二阶段核心范畴提取完整版

开放性编码汇总结果

核心范畴	二级范畴	核心概念	标签化举例
认知形象	物质形象	基础设施、旅游综合体、信息技术	酒庄建设完善、公共服务平台、信息化建设、交通、复合型产业、延伸产业链条、产业融合、大数据、云计算、物联网、智慧旅游
	精神形象	服务、审美、社会氛围	管理水平、导游服务、导览服务、导购服务、服务水平、精神气质、酒庄艺术性、建筑风格、葡萄酒旅游、休闲与康养并重、社区参与、葡萄酒节庆
	环境形象	政策、经济、生态	法律法规、产业政策支持、评价体系、管理体系、区域竞争力、居民消费收入、经济前景、地理条件、气候条件、土壤条件、风土资源
	特色形象	自然景观、文化、历史、宗教	特色景观、地标、特色建筑、地域文化、历史文化、宗教特色、特色产物、特色美食、特色服务
情感形象	旅游心理	旅游需求、偏好、信念、态度、意念、意志	消费者需求、个性化取向及偏好、审美、旅游情感、情绪、旅游期望、价值观、诱惑、快乐、坚持
	旅游动机	休闲娱乐、社交、文化交流、教育科普、特色体验	品鉴红酒、结交知友、亲子研学、交流学习、课程实践、不一样的经历、健康养身、运动休闲、娱乐、度假、增长见识、艺术熏陶、自助、团队
感知价值	功能价值	观光休闲、健康养生、教育探知、葡萄酒品质	老年养身、体验高端服务、品酒体验、课程实践、观光旅游、休闲度假、美容养颜、葡萄酒品质、酒庄列级、葡萄酒等级
	品牌价值	公众形象、美誉度、知名度	品牌的综合价值、品牌美誉度及知名度、普及度、影响力
	情感价值	服务价值、人员价值、理念形象价值、情感期望	难忘经历、舒适服务、景色优美、神秘、新鲜、放松心情、开心、舒心、惊喜、激动、愉悦、有品位、有范儿、专业服务、定制服务

核心范畴	二级范畴	核心概念	标签化举例
感知价值	感知成本	货币成本、时间成本、体力成本、精神成本	金钱、运动、失落感、耗费、花销、时间、浪费、消耗体力、健康
感知质量	经验质量	技术质量、功能质量	服务生产、导购专业性、可靠、响应、有形
	期望质量	营销沟通、销售形象、口碑、顾客需求	预约方式、干净卫生、放心、广告、邮寄、推销、主动帮助顾客、确保、移情
满意度	产品满意度	消费体验、葡萄酒品质、专业知识的获取、产品体验、产品期望	品酒质量、专业倒酒、特色服务能力、葡萄酒质量、导购能力、推销、个性化、差异化、文化特色、获取更多的葡萄酒知识、了解葡萄酒文化、知识性景点
	服务满意度	特色服务、服务体验、服务期望	优质服务、国际化、高端化、品牌化、特色接待、特色讲解、服务态度、服务礼仪、亲和力
行为意愿	旅游意向	行为体验、重游、溢价购买、推荐、赞同、分享	有机会再来、推荐亲朋好友前来、分享、集赞、发朋友圈、即使涨价也来
	忠诚度	品牌忠诚度、游客忠诚度、员工忠诚度	品牌依赖、品牌信任、游客行为忠诚、游客态度忠诚、员工行为忠诚、员工态度忠诚
	持久涉入	体验深度和持久性、情感体验	经常性/持续性到访、体验感强、深度体验、沉浸式投入、社区参与、游客与居民共融、文化认同
品牌形象提升	认知形象提升	物质形象提升、精神形象提升、环境形象提升、特色形象提升	硬件设施齐全、配套服务完善、服务水平高、品质优良、政治经济生态环境好、宜居宜业宜游、特色商品及特色服务种类丰富
	情感形象提升	需求提升、品牌价值提升、理念提升	个性化、特色化、多元化、品质化、差异化、品牌化、国际化等水平提升

附录4 第4章游客问卷附表

测量量表来源及问卷量表

潜在变量	量表来源	测量变量或维度	问卷量表
认知形象	Stabler（1988） Chen Poju，Deborah L. Ke（1999） Martin 和 Bosque（2008） Beerli 和 Martin（2004） Hui 和 Wan（2003） Lee，Lee 和 Lee（2005） Chen 和 Tsai（2007） 张宏梅和蔡利萍（2011） 江金波和赫瑞娜（2015）	核心吸引物、 附属吸引力、 环境氛围、 住宿与设施、 旅游科技形象 （可靠的/安全的/ 平静的/舒适的/放 松的）	这里的葡萄园风光优美吸引人； 这里的葡萄酒知名度很高； 这里的葡萄酒旅游具有很高的文化 内涵； 这里的葡萄酒旅游设施完善； 这里的葡萄酒旅游项目很丰富； 这里的酒庄环境干净舒适； 这里的葡萄酒旅游拥有好的公众形 象和游客口碑
情感形象	Russd，Ward 和 Pratt（1981） Baloglu 和 Mangaloglu（2001） Kim 和 Morrsion（2005） Son（2005） Hartono 等（2015） 吴志军和田逢凰（2010） 李润（2014） 黄静等（2014）	唤醒的—欲睡的、 快乐的—讨厌的、 放松的—痛苦的、 令人兴奋的—沉 闷的、 不喜欢的—喜欢的、 有趣的—乏味的	在这里的葡萄酒旅游让我感到 轻松； 在这里的葡萄酒旅游让我感到 有趣； 在这里的葡萄酒旅游让我感到 兴奋； 我对这里的葡萄酒旅游无比向往； 这里提供的个性化服务让我很享受
感知价值	Zeithaml（1988） Woodruff（1997） Sweeney 和 Soutar（2001） Sehezetal（2006） Eid 等（2014） Wu 等（2014） Jiang（2015） 谢彦君（2016） 韩春鲜（2015）	情感、 品牌象征、 感知利得 （认同感等）、 感知利得—利失 权衡	我在这里的葡萄酒旅游经历中花费 的金钱是值得的； 我在这里的葡萄酒旅游经历中花费 的时间和精力是值得的； 这里的葡萄酒旅游让我收获很大； 这里的葡萄酒旅游让我感觉物有 所值

潜在变量	量表来源	测量变量或维度	问卷量表
感知质量	Parasuraman, Zeithaml 和 Berry (1994) Cronin 和 Taylor (1992) Gronroos (2000) Ryn, Han 和 Kim (2008) Hartono 等 (2015) Zhang 等 (2014)	产品质量、服务质量、消费体验（美观/安全/敏感/有形性/保证性/环境性/移情性）	这里的交通和通信都非常便捷； 这里的酒庄品鉴和食宿娱既卫生又安全； 这里的导游服务很有水平； 这里的旅游工作人员能够为我提供方便快捷的服务； 这里的旅游工作人员对我态度亲和友善； 这里的葡萄酒旅游购物有特色且方便
满意度	Bigne 等 (2001) Bigne, Andreu 和 Gnoth (2005) Yoona 和 Uysal (2005) Chen 和 Tsai (2007) Balabanis 等 (2006) Fuller 和 Matzler (2008) Eid 等 (2014) Wu 等 (2014) 金江波 (2015)	旅游期望、实际感知	在这里的葡萄酒旅游达到了我的期望，不虚此行； 与我所去过的同类目的地相比，这里的葡萄酒旅游妙不可言； 总体上来说，我对这里的葡萄酒旅游很满意
行为意愿	Haernoon (2000) Blackwe 等 (2001) Chen 和 Tsai (2007) Gallarza 和 Saura (2006) 胡抚生 (2009) Lee 等 (2000) Zhang 等 (2014) Lim 和 Weaver (2014) 郑鹏 (2012)	重游、推荐、支付溢价	我非常愿意再次来到这里； 对于同类旅游目的地，我会优先来这里游玩； 我非常愿意向亲朋好友推荐这里； 如果这里的葡萄酒旅游价格上涨了，我还是愿意来游玩
品牌形象提升	Castro 等 (2007) Chi 和 Qu (2008) 张宏梅和陆林 (2010) Bai 和 Guo (2010) Banchi 和 Pike (2011) 马向阳等 (2015) 曹晶晶等 (2018)	知名度、美誉度、忠诚度提升、品牌价值提升	这里宜居宜业宜游，是个度假旅游的好地方； 这里独具特色，体验丰富，开放度、知名度、美誉度越来越高

附录5 第5章管理者问卷量表

葡萄酒旅游目的地品牌形象指标调查

尊敬的先生/女士：

　　该问卷是对葡萄酒旅游目的地品牌形象的指标调查，旨在促进特色旅游目的地品牌建设。每个问题含有若干指标（如自然景观），重要性从 1～7 逐渐增加，请根据您的实际感受选择最符合的分值。感谢您的配合！

　　1. 目的地自身形象（核心吸引力）［矩阵量表题］

	1	2	3	4	5	6	7
自然景观（如：地文、水文、生物、气象等）							
人文景观（如：村镇、建筑、园林、遗址等）							
旅游设施（如：公共基础设施、配套服务设施等）							
信息化建设（如：公共基础设施及配套服务设施等）							
特色文化（如：特色饮食、民俗、住宿）							

　　2. 目的地环境形象［矩阵量表题］

	1	2	3	4	5	6	7
政策环境（如：金融政策、产业政策等）							
经济环境（如：供给与消费、投资等）							
生态环境（如：生态文明、环境保护等）							
人力资源（如：专业人才、就业、创业等）							
地方参与（如：社会互动、社区参与等）							
管理体系（如：管理规范性、完整性、专业性等）							

3. 核心产品形象 ［矩阵量表题］

	1	2	3	4	5	6	7
产品质量（产品曝光度、品牌美誉度等）							
游客满意度（游客体验与游客期望的比较等）							
产品知名度（如：产品曝光度、 品牌美誉度、市场影响力等）							

葡萄酒旅游目的地品牌形象打分（7级）

指标\产区	自然景观（地文、水文、生物、气象等）	人文景观（聚落、村镇、建筑、园林等）	旅游设施（公共设施、建设服务设施等）	信息化建设（信息技术平台等）	特色文化（特色饮食、节庆、住宿、民俗等）	政策环境（金融、产业、科研、技术等）	经济环境（供给、消费、投资、开放度等）	生态环境（生态文明、环境保护等）	人力资源（专业人才、培训就业等）	地方参与（社会互动、社区参与等）	管理体系（规范性、完整性等）	产品质量（产品功能、服务质量等）	游客满意度（游客体验、评价等）	产品知名度（曝光度、影响力等）
宁夏贺兰山东麓														
山东烟台														
新疆														
甘肃河西走廊														
河北昌黎														

注：本表采用1~7数字打分，1表示很差，7表示很好，形象好坏程度从1~7逐渐增加，请根据您的实际感受填写最符合的分值。

葡萄酒旅游目的地品牌形象打分（9 级）

指标 产区	自然景观（地文、水文、生物、气象等）	人文景观（聚落、村镇、建筑、园林等）	旅游设施（公共设施、服务设施等）	信息化建设（信息技术平台等）	特色文化（特色饮食、节庆、住宿、民俗等）	政策环境（金融、产业、科研、技术等）	经济环境（供给、消费、投资、开放度等）	生态环境（生态文明、环境保护等）	人力资源（专业人才、培训就业等）	地方参与（社会互动、社区参与等）	管理体系（规范性、完整性等）	产品质量（产品功能、服务质量等）	游客满意度（游客体验、评价等）	产品知名度（曝光度、影响力等）
宁夏贺兰山东麓														
山东烟台														
新疆														
甘肃河西走廊														
河北昌黎														

注：本表采用 1～9 数字打分，1 表示很差，9 表示很好，形象好坏程度从 1～9 逐渐增加，请根据您的实际感受填写最符合的分值。

后　记

人生就是一场苦与乐相伴的旅程，苦乐交融，虽苦犹甜。在五年漫长而又短暂的博士生涯中，论文撰写、学术交流、实践调研、返岗定位，多少次冥思苦想、深夜伏案，屡废屡立，伤痛揪心……而伴随着论文最后一页的修改完成，母亲节悄然而至，我收到了学生送来的一束盛开的鲜花，感受到了作为老师的喜悦。回首过往，放下辛酸，示以美好，授予希望。在知天命之年，我又将开启下一段征程。

回想五年前拿到博士录取通知书时的景象仿佛就在眼前，从"塞上江南、神奇宁夏"来到"大湖名城，创新高地"，当初的梦想就是要让自己多年不够纯正精深的学术研究生涯有一个圆满的提升。对于从软科学领域跨度到管理科学领域的我来说，学长和老师的提醒"毕业非常难"，并没有吓倒当时踌躇满志的我，而如今"绝知此事要躬行"的我在克服了求学路上的各种制约和道道难关之后，佩服自己当年的勇气之余也庆幸最终没有放弃，我相信这样的历程是自己难忘而宝贵的人生财富。

首先，衷心感谢我的导师梁昌勇教授，是您对我的信任、鼓励、支持和善待让我勇敢前行。睿智儒雅、谦逊平和、善良宽厚的您对学生亦师亦友、恩威并重。当初您一句"你不算老，你应该能行"坚定了我的求学信心，在您的团队带动和影响下，合肥工业大学管理学院信息技术与工程管理研究所为我的博士学习提供了良好的工作环境和学术氛围。您坚韧不拔、追求卓越、服务社会的学术精神始终影响并指引着我。从我的毕业论文选题、开题、撰写和修改完成自始至终都得到了您的悉心指导和启发。在我申报立项教育部人文社科项目的过程中，在科学问题和论文思路凝练过程中，您的高瞻远瞩、耐心指导和信心鼓励，总能让我拨开迷雾、醍醐灌顶。无论在何地，每每想起梁老师办公室长亮的灯光和研究所的团队氛围，我就不敢松懈。梁老师崇高的思想境界、渊博的专业知识、深厚的学术造诣、忘我的拼搏精神以及对学生真诚的关爱，使我受益终身，必将激励我努力工作、勇于奉献、真诚待人、乐观生活。

其次，感谢杨善林院士，您像一面旗帜为我们树立学术精神。感谢合肥工业大学管理学院吴慈生教授、刘业政教授、任明仑教授在论文开题及修改过程中提出的宝贵意见；感谢顾东晓老师、陆文星老师、董骏峰老师在我学习期间的关心和指导；特别感谢赵树平师兄、徐健同学对我博士求学全过程中的影响和帮助，你们的存在让我感到一切都不会太难，更让我感受到学术的魅力。感谢张超和陈欣老师在扎根理论部分提供的指导和帮助；感谢张俊岭、戚晓雯等年轻学长在研究思路和方法上给我的提点和启发。感谢王彬有、刘雨佳、马一鸣、张弛、郑谦等博士研究生，还有陶方金、王东等所有硕士研究生的帮助和陪伴，你们身上的闪光点和团队精神时刻感染并温暖着我。

感谢北方民族大学在教师培养方面所做出的努力，感谢管理学院领导和杨海洪、宋莉等老师以及龙嬿升等研究生对我的关照、帮助和支持！感谢跟随我参加葡萄酒旅游品牌创新研发和挑战杯项目的优秀本科生何明娟、李莎莎等在文创案例方面的创新实践和磨炼！感谢宁夏葡萄产业园区管委会、文化和旅游系统的同仁们在访谈、调研过程中给予我的充分信任和支持！感谢贺兰山东麓葡萄酒旅游智库主任、浙江大学周玲强教授及珞拾文旅李罕梁博士在《2020中国葡萄酒旅游市场网络评论研究报告》中的市场洞察给予本书相关案例实践研究方面的启发和支持！

最后，感谢我年迈的母亲高翠英女士，是您让女儿拥有强大的精神支柱；

感谢我的丈夫王晓锋先生对我的信任包容、默默奉献并作为坚实后盾；感谢我的儿子王奕杰在我读博期间的成长和陪伴，跨越了初三、高中和大一，你的快乐和进步始终是妈妈前行的骄傲和动力。正是家人亲人们持久的关爱，才使我能够顺利完成学业。

"巴丹吉林胡杨立，精诚所至金石开，待到风光无限时，把酒当歌话人生"。

张红梅

2021 年 8 月 7 日